Sammlung Göschen Band 585

Verkehrswasserbau

Von

Dr.-Ing. Hans Dehnert
Reg. und -baurat a. D., Zivilingenieur in Potsdam

I

Entwurfsgrundlagen
Flußregelungen

Mit 52 Textabbildungen

Walter de Gruyter & Co.
vormals G. J. Göschen'sche Verlagshandlung · J. Guttentag, Verlagsbuchhandlung · Georg Reimer · Karl J. Trübner · Veit & Comp.
Berlin 1950

Archiv-Nr. 11 05 97
Druck von Bodo Graefe, Berlin SW 68

Inhaltsverzeichnis.

A. Entwurfsgrundlagen.

I. Allgemeines über Wasserstraßen.

II. Fahrzeuge der Binnenschiffahrt.

III. Schiffahrtsbetrieb auf Wasserstraßen.

B. Flußregelungen.

IV. Allgemeines über Flußregelungen.

V. Gewässerkundliche Vorarbeiten.

VI. Entwerfen von Flußregelungen.

VII. Mittel des Ausbaues.

VIII. Wasserwirtschaftliche Maßnahmen.

Literatur.

Sammelwerke:

Handbuch der Ingenieurwissenschaften, III. Teil, 1. u. 6. Bd.
Engels, Handbuch des Wasserbaues, 3. Auflage 1923.
Franzius, Der Verkehrswasserbau, 1927.
Sympher-Soldan, Die Wasserwirtschaft Deutschlands und ihre neuen Aufgaben, Bd. I u. Bd. II, 1922, Bd. III, 1925.
Tolkmitt/Zander, Grundlagen der Wasserbaukunst, 1947.
Dehnert, Verkehrswasserbau, Sammlung Göschen, Band II, Flußkanalisierungen und Schiffahrtskanäle, Band III, Schleusen und Hebewerke.

Sonderwerke:

(zu „Entwurfsgrundlagen")

Teubert, Die Binnenschiffahrt, 2. Auflage 1932.
Markmann, Die deutschen Wasserstraßen 1938.

(zu „Flußregelungen")

Paxmann, Leitgedanken zum Wasserbau 1947.
Winkel, Die Grundlagen der Flußregelung, 2. Auflage 1947.
Winkel, Angewandte Hydromechanik im Wasserbau 1947.
Marquardt, Die Methoden des Flußbaues 1922.
Neger, Entwicklung des Buhnenbaues in den deutschen Stromgebieten 1932.

Zeitschriftenaufsätze:

Muttray und Soldan, Der Ausbau der Weser auf Niedrigwasser, Zeitschrift für Bauwesen 1919.
Faber, Der Oberrhein und seine bauliche Behandlung, Bautechnik 1925.
Fuchs, Schiffbarmachung des Oberrheins von Basel bis Straßburg, Bautechnik 1925.
Hirsch, Zur Frage der Aufbesserung der Niedrigwasserstände der Elbe unterhalb der Saalemündung durch Talsperrenzuschußwasser, Bautechnik 1931.
Hansmann und Hirsch, Die Niedrigwasserregulierung der Elbe auf der Strecke Hämerten (km 395,0) — Artlenburg (km 573,8), Bautechnik 1932.
Lüders, Geschiebebewegung in S-förmig gekrümmten Flußläufen, Bautechnik 1925.

A. Entwurfsgrundlagen.

I. Allgemeines über Wasserstraßen.

§ 1. Wasserstraßen in Wirtschaft und Verkehr.

Der Verkehrswasserbau umfaßt als Teilgebiet des Wasserbaues alle bautechnischen Maßnahmen zur Nutzung des Wassers als Verkehrsträger. Er dient somit der Schiffahrt als der gewerblichen Beförderung von Personen und Gütern.

Man unterscheidet Seeschiffahrt und Binnenschiffahrt. Die Straße der Seeschiffahrt ist das offene Meer. Die Straßen der Binnenschiffahrt sind die von Natur aus schiffbaren Ströme, die durch Stauregelung schiffbar gemachten Flüsse und die als rein künstliche Wasserwege anzusprechenden Kanäle. Die örtlichen Grenzen zwischen See- und Binnenwasserstraßen sind schwankend. Die Seeschiffahrt bemüht sich, vom Meere so tief wie möglich in das Festland einzudringen, um die von ihr beförderten Güter ohne Umladung an die Verbrauchsstellen heranzubringen. Entscheidend sind hier Umfang des einen oder anderen Schiffahrtszweckes und der Charakter des Stromes. Man wird die Weser unterhalb Bremen, die Elbe unterhalb Hamburg oder die Oder unterhalb Stettin stets als Seewasserstraße bezeichnen, obwohl es sich hier um Flüsse handelt, während niemand Köln als Seestadt ansieht, wenn auch einige Seeschiffe von hier direkt nach London fahren. Wasserbaulich liegt in einem Strom die Grenze zwischen Binnen- und Seewasserstraße etwa da, wo der Einfluß von Ebbe und Flut aufhört. Die technische Behandlung der Mündungen großer Flüsse gehört daher in das Gebiet des Seebaues. Die nachfolgenden Darlegungen über Verkehrswasserbau beziehen sich in der Hauptsache auf den Ausbau, die Herstellung und den Betrieb von Binnenwasserstraßen.

Jeder F l u ß ist eine S t r a ß e. Sie war als solche schon da, lange bevor vom Menschen die ersten Pfade getreten wurden. Von den Gebirgen führte sie durch das weite Land zum Meer. Der Mensch erkannte daher schon in den ältesten Zeiten die großen Möglichkeiten der Nutzung eines Gewässers als Verkehrsträger. Selbst schwere Lasten ließen sich auf ihm befördern, ohne daß andere Arbeit als das Lenken des Fahrzeugs nötig war. Freilich ging dies nur zu Tal. Die Schiffe wurden nach ihrer Ankunft am Endziel der Reise zerschlagen und das Holz anderweitig verwertet. Mit den Jahren vervollkommneten sich die Fahrzeuge. Und die Fortschritte der Technik befähigten den Menschen, die Wasserstraßen den wachsenden Bedürfnissen des Handels und Verkehrs entsprechend auszubauen oder umzugestalten.

Das bedeutendste Ereignis in dieser Entwicklung war die Erfindung der K a m m e r s c h l e u s e, die zeitlich nahezu mit der Entdeckung Amerikas und des Seeweges nach Ostindien zusammenfällt. Sie gestattete dem Wasserverkehr die Ueberwindung der Höhenunterschiede im Gelände. So war bis ins neunzehnte Jahrhundert hinein die Wasserstraße hinsichtlich Billigkeit und Leistungsfähigkeit der Landstraße überlegen. Die ersten Dampfschiffe eröffneten hierbei ganz neue Aussichten. Da begann der Siegeszug der E i s e n b a h n. Sie ermöglicht gegenüber dem Wasserstraßenverkehr eine bedeutend schnellere, dabei regelmäßige und pünktliche Güterbeförderung. Die Schiffahrt erleidet durch Hochwasser, Eisgang, Nebel und außergewöhnliche Niedrigwasser zeitweise starke Unterbrechungen. In allen solchen Fällen sind ihre Fahrzeuge gezwungen, da liegen zu bleiben, wo sie sich augenblicklich befinden oder sichere Schutz- und Liegehäfen aufzusuchen. Die Postbeförderung und fast der gesamte Personenverkehr wurden hinfort von der Eisenbahn bewältigt. Das Schicksal der Binnenschiffahrt schien besiegelt und man erwog schon, vorhandene Kanäle zuzuschütten oder sie als Fischteiche zu verwenden.

Ein Naturgesetz verliert aber nicht an Wahrheit dadurch, daß es durch Zeitströmungen vorübergehend in seinen Auswirkungen gehemmt wird. Und das ist: Die Zugkräfte zur Fortbewegung eines Schiffes sind unter gewissen Bedingungen erheblich geringer als diejenigen der Eisenbahn, wodurch die Frachtkosten entsprechend niedrig gehalten werden können. Befördert man nämlich mit einer Geschwindigkeit von 1 m pro Sekunde auf der Landstraße 1 t, so mit der gleichen Zugkraft bei derselben Geschwindigkeit auf der Eisenbahn 8 t und auf dem Wasserweg 75 t. Der Schiffsverkehr besitzt somit ein außerordentlich günstiges Verhältnis von Nutzlast zu bewegter toter Last.

Es hat daher trotz der Ausbreitung der Eisenbahnen die Binnenschiffahrt als Träger des Verkehrs mit großen Lasten auf weite Entfernungen ihre Bedeutung wieder erhalten. Gegen Ende des vergangenen Jahrhunderts erlangten die Wasserstraßen erneut allgemeines Interesse. Ihr Ausbau wurde planmäßig in Angriff genommen. Gleichzeitig wurden die Schiffsmaschinen vollkommener. Seit Ende des ersten Weltkrieges erhielt die Binnenschiffahrt einen neuen, starken Auftrieb durch die Zunahme der Selbstfahrer, die Laderaum und Antriebskraft in sich vereinen.

Schiff und Eisenbahn haben heute klar umrissene, getrennte Aufgaben: Die Bahn befördert alles, was schnelle und pünktliche Anlieferung erfordert, also vorwiegend Stückgüter, Halbfabrikate, Fertigfabrikate, Güter von Wert, — das Schiff aber zieht überwiegend Massengüter an sich: Kohle, Erze, Getreide, Erden, Baustoffe, Holz usw., für deren Beförderung große Transportgefäße nötig sind. Ein mittlerer Rheinkahn kann den Inhalt von 150 Güterwagen fassen, dementsprechend mehr ein Schleppzug mit 5 bis 7 solcher Kähne.

Der Güterverkehr in Deutschland verteilt sich nach dem Stande von 1939 zu etwa 75 % auf die

Reichsbahn, zu mehr als 20 % auf die Binnenschiffahrt und zu etwa 5 % auf den Landstraßenverkehr. Dabei wechseln selbstverständlich die Verhältniszahlen in den verschiedenen deutschen Landschaften.

§ 2. Systematik des deutschen Wasserstraßennetzes.

Die Wasserstraßenverhältnisse Deutschlands erhalten ihre naturgegebene Ausrichtung durch den Rhein, die Weser, die Elbe und die Oder, ferner durch die zur Bewegung dieser Flüsse fast senkrecht strömende Donau. Ausgehend von diesem Flußsystem ist das Kanalsystem darauf abgestellt, ein geschlossenes Verkehrsnetz und damit ein möglichst weiträumiges Hinterland für die an den Strommündungen liegenden Seehäfen zu schaffen. Man hat daher vielfach von der „Querschaltung der deutschen Kanäle" gesprochen, indem man den Nord-Ostsee-Kanal als erste, den Mittellandkanal als zweite und die Großschiffahrtsstraße Rhein-Main-Donau als dritte Querverbindung vom Osten zum Westen ansieht (Abb. 1).

Der Rhein ist die Wiege des deutschen und darüber hinaus auch des europäischen Flußbaues. Sein über ein Jahrhundert in stetiger Fortentwicklung vollzogener Ausbau stellt ein Kulturwerk ersten Ranges dar. Er ist mit einem Jahresverkehr von rd. 90 Millionen t (1937) die bedeutendste Binnenwasserstraße der Welt. Diese Tatsache hat ihren Ursprung in dem Rheintal als der natürlichen deutschen Wirtschafts- und Verkehrsstraße zwischen dem Mittelmeer und der Nordsee. Sie ist begünstigt durch den Umstand, daß die Zuflüsse des Rheines teils aus dem Hoch- und Mittelgebirge, teils aus dem Tiefland kommen und ihm zeitlich verschieden abgestimmte Niederschlagsmengen zuführen, wodurch sein Wasserhaushalt auf das Vorteilhafteste reguliert wird. Bei einem Niederschlagsgebiet von rd. 160 000 km² beträgt bei Koblenz (ohne

Mosel) die niedrigste Wasserführung 565 m^3/sec, die höchste etwa 10 000 m^3/sec. Die Länge des Rheins von der Quelle bis zur Mündung beläuft sich auf 1320 km, davon entfallen auf Deutschland 698 km. Der Gedanke

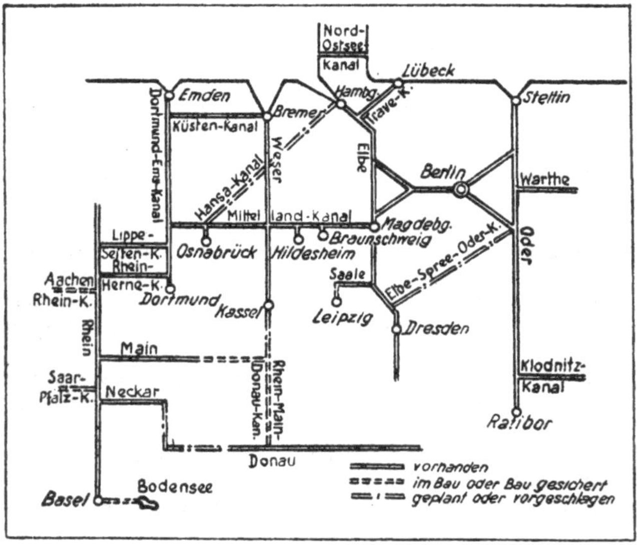

Abb. 1. Systemskizze des deutschen Wasserstraßennetzes.

einer Stromregulierung im Schiffahrtsinteresse geht auf die Zeit zwischen 1840 und 1850 zurück, als mit der Entwicklung der Dampfmaschine sich auch der Schiffahrtsbetrieb in zunehmendem Maße von den Leinpfaden unabhängig machte. Als Endziel der Strombauarbeiten sind an Fahrwassertiefe bei gemitteltem Niedrigwasser für die Strecken unterhalb Köln 3,00 m, zwischen Köln und St. Goar 2,50 m, zwischen St. Goar und Mannheim 2,00 m und zwischen Mannheim und Kehl 1,50 m festgelegt worden. Die im Jahre 1930 begonnenen Arbeiten zur Niedrigwasserregulierung des Oberrheins von Straßburg bis Basel wurden bisher auf Kosten der Schweiz und Deutschlands durchgeführt. Die Schiffbarmachung des Hochrheins zwischen dem Bodensee und Basel harrt noch der Ausführung. Der Schiffahrtsbetrieb auf dem Rhein ist in der Hauptsache Schleppbetrieb. Die durchschnittliche Tragfähigkeit der deutschen Rheinschiffe liegt bei 800 t. Die größten Kähne fassen bis 4000 t.

Der Anschluß Südwestdeutschlands an den Rhein erfolgt durch die im Jahre 1920 in Angriff genommene Kanalisierung des Neckars für 1200-t-Schiffe. Sie war 1935 bis Heilbronn fertig und sollte bis 1946 unter Anschluß Stuttgarts bis Plochingen vollendet sein, um dann später mit der Donau durch den Kanal Plochingen—Ulm eine Verbindung zu erhalten. Der von Mannheim gen Westen geplante Saarpfalz-Rhein-Kanal dürfte in absehbarer Zeit kaum gebaut werden. Der bedeutendste Nebenfluß des Rheins ist der Main. Er ist heute bis Bamberg für den Verkehr von 1200-t-Fahrzeugen nach modernsten Grundsätzen kanalisiert, um im Zusammenhang mit dem Kanal Bamberg—Kehlheim einen Teil der Großschiffahrtsstraße Rhein-Main-Donau zu bilden. Die Moselschiffahrt kennt nur kleine Schiffe.

Die westdeutschen Kanäle sind ein wesentlicher Bestandteil des deutschen Wasserstraßennetzes. Der Rhein-Herne-Kanal hat mit seinen 7 Gefällstufen die doppelte Aufgabe, der Ruhrkohle einen Anschluß an den Rhein und nach Osten an das Mittellandkanalsystem zu verschaffen. Der Verkehr auf ihm betrug im Jahre 1938 im Ortsverkehr rd. 16,5 Millionen t, im Durchgangsverkehr rd. 3,5 Millionen t. Er ist damit die am stärksten befahrene Kanalstrecke Deutschlands. An seiner Einmündung in den Rhein liegt der als wirtschaftliche Einheit zu betrachtende Komplex der Rhein-Ruhr-Häfen, welche 1937 einen Gesamtumschlag von 44 Millionen t aufgewiesen haben. Der dem Rhein-Herne-Kanal nahezu parallele

Lippe-Seitenkanal hat den Zweck, den Kohlenverkehr aus dem sich allmählich von der Ruhr nach Norden ausdehnenden Bergbau aufzunehmen. Sein im Jahre 1930 vollendeter Ausbau ist auf das 1000-t-Schiff abgestellt worden. Beide Kanäle finden nach Norden ihren Anschluß an den Dortmund-Ems-Kanal, welcher auf dem Weg bis Emden aus rund 174 km Kanalstrecke und 75 km kanalisierter bzw. freier Ems besteht. Diese im Jahr 1899 fertiggestellte Wasserstraße verdankt ihre Entstehung der Notwendigkeit, dem westfälischen Industriegebiet einen Anschluß an den Nordseehafen Emden zu verschaffen. Sie hat mit einem Verkehr von 8,7 Millionen t im Jahre 1930 vorwiegend Fahrzeuge von 500 bis 800 t getragen. Um verbilligte Schiffsfrachten gegenüber der Anziehungskraft des Rheins zu erhalten, ist 1933 mit dem Umbau des Kanals auf das 1500-t-Schiff begonnen worden. Dabei ist geplant, die kanalisierte Ems auf der Strecke Gleesen—Papenburg zu verlassen und durch einen neuen Seitenkanal von 76 km Länge mit rd. 28 m Gefälle zu ersetzen.

Ems und Weser werden durch den für 700-t-Schiffe ausgebauten Küstenkanal verbunden. Projekt geblieben ist bis heute der Hansa-Kanal, der Hamburg und Lübeck mit dem westdeutschen Industrierevier verbinden soll.

Das als Mittellandkanal bezeichnete Kanalsystem ist eine schiffbare Verbindung aller norddeutschen Stromsysteme vom Rhein bis zur Elbe. Es findet seine Fortsetzung zur Oder in den märkischen Wasserstraßen. Die Strecken des Mittellandkanals zwischen Rhein und Elbe bestehen im einzelnen aus dem Rhein-Herne-Kanal bzw. Lippe-Seitenkanal, dem Teilstück des Dortmund-Ems-Kanals von Herne bis Bevergern, dem Ems-Weser-Kanal und dem Weser-Elbe-Kanal. Dieses Kanalsystem ist allmählich entstanden und daher entsprechend den jeweilig geltenden Bedürfnissen nicht gleichmäßig gestaltet. Die Schleusen der Hauptlinie ermöglichen jedoch überall den Verkehr von 1000-t-Schiffen. Vom Mittellandkanal führen mehrere Stichkanäle zu benachbarten Wirtschaftszentren sowie Abstiegskanäle zu den gekreuzten Wasserläufen wie Weser und Elbe. Stichkanäle sind vorhanden nach Osnabrück, Hannover-Linden, Hildesheim und nach dem Industriegbiet von Bleckenstedt—Hallendorf. Die Inbetriebnahme des gesamten Mittellandkanals ist mit der Fertigstellung des Hebewerks Rothensee als Abstieg zur Elbe im Jahre 1938 erfolgt.

Die Weser wird bei Minden i. W. von dem Mittellandkanal auf einer Brücke überschritten. Sie soll bei einem Einzugsgebiet von 45 500 km² auf der Strecke von Bremen bis zur Allermündung eine Mindestfahrtiefe von 1,75 m aufweisen, von der Allermündung bis Nienburg a. d. W. von 1,60, von da bis Minden i. W. von 1,50 m, weiter oberhalb bis zum Zusammenfluß von Werra und Fulda 1,40 m. Dieser Ausbau auf Niedrigwasser ist im wesentlichen bis Minden i. W. durchgeführt. Da ein Ausbau der Strecke Minden—Bremen mit den Mitteln der Stromregulierung auch unter Verwendung von Zuschußwasser aus Talsperren für den Verkehr von 1000-t-Schiffen nicht erreicht werden konnte, zudem die Weser für die Speisung des Mittellandkanals Wasser abgeben mußte, ist 1934 mit der Kanalisierung der Mittelweser von Minden bis Bremen begonnen worden. Desgleichen wurde 1938 die Kanalisierung der Werra von Hann.-Münden bis in das Kaligebiet Thüringens oberhalb Eisenach in Angriff genommen. Dieser Wasserweg soll später eine Fortsetzung finden in dem Werra-Main-Kanal.

Die Elbe ist mit einem Niederschlagsgebiet von 144 000 km² der Hauptstrom Mitteldeutschlands. Ihre verkehrspolitische Bedeutung ist durch die beiden Tatsachen gekennzeichnet, daß die Reichshauptstadt und Hamburg als der größte Seehafen des europäischen Festlandes zum Elbegebiet gehören. Trotzdem sind erst in den letzten Jahrzehnten wesentliche Geldmittel für Regulierungsarbeiten und die Errichtung von Speicherbecken zur

Abgabe von Zuschußwasser in Trockenjahren ausgegeben worden, um unterhalb der Saalemündung eine Mindestfahrtiefe von 1,70 m zu schaffen. Die Saale selbst wurde von ihrer Mündung bis Kreypau auf den Verkehr von 1000-t-Schiffen umkanalisiert, wobei die Stadt Leipzig durch den Elster-Saale-Kanal angeschlossen werden soll. Die Abflußmengen der Elbe betragen unweit der Flutgrenze oberhalb Hamburg bei Niedrigwasser etwa 130 m^3/sec, bei höchstem Hochwasser etwa 3600 m^3/sec, für Dresden gelten die Werte 45 m^3/sec und 5700 m^3/sec. Große Bedeutung besitzt der Elbe-Trave-Kanal zwischen Lauenburg und Lübeck, auf dem Fahrzeuge von 1300 t Tragfähigkeit verkehren können.

Berlin wird von der Elbe erreicht durch die Havel und den Ihle-Plauer-Kanal als östliche Fortsetzung des Mittellandkanals. Beide Schiffahrtswege gehören mit zu den „Märkischen Wasserstraßen", die insgesamt den Verkehr von Elbe und Oder zur Reichshauptstadt vermitteln. Diese selbst wird im Süden durch den Teltow-Kanal umgangen. Dem Verkehr zwischen der Oder und dem Westen dienen der für Schiffe von 500 t ausreichende Oder-Spree-Kanal und der als Ersatz und Ergänzung des alten Finow-Kanals für 600-t-Schiffe erbaute Hohenzollernkanal. Einen hervorragenden Platz unter den Bauwerken dieser Wasserstraße nimmt das Schiffshebewerk bei Niederfinow ein. Die Bedeutung Berlins als Knotenpunkt des Wasserstraßenverkehrs erhellt aus der Tatsache, daß von insgesamt 19 370 000 t Gütern, die im Jahre 1937 nach Berlin eingeführt wurden, 7 256 000 t auf den Wasserweg entfallen.

Die Oder hat bei einem Einzugsgebiet von 118 000 km^2 eine Länge von 860 km. Ihr Gesamtgefälle beträgt 634 m, wovon etwa ⅔ auf das Quellgebiet bis zur Olsa-Mündung entfallen. Die Abflußmengen betragen bei Hohensaaten an der Einmündung des Hohenzollern-Kanals bei niedrigstem Niedrigwasser 200 m^3/sec, bei Mittelwasser 480 m^3/sec und bei höchstem Hochwasser 3000

m^3/sec. Der Stromlauf der Oder ist während des letzten Jahrhunderts ausgebaut worden. Hierbei haben die Maßnahmen zur Verhütung von Hochwasserschäden — Staubecken in Schlesien — eine entscheidende Rolle gespielt. Sie sollen dazu beitragen, der mittleren Oder eine für die Schiffahrt jederzeit nutzbare geringste Tiefe von 1,40 m zu gewährleisten. Die obere Oder ist auf eine Länge von 160 km von Cosel bis unterhalb Breslau kanalisiert. Der Massentransport auf der Oder ist gegenüber dem der anderen deutschen Ströme hauptsächlich Binnenverkehr. Er hat 1936 ein Zehntel der auf dem Rhein und sieben Zehntel der auf der Elbe beförderten Gütermengen ausgemacht. Zum Anschluß des Niederlausitzer Braunkohlengebietes an Elbe und Oder und die märkischen Wasserstraßen ist der Elbe-Spree-OderKanal geplant.

Die Donau ist nach der Wolga der größte Strom Europas. Sie hat ein Einzugsgebiet von 817 000 km² bei einer Länge von 2817 km; hiervon gehören 624 km zu Deutschland. Die Wasserführung der Donau bewegt sich unterhalb Passau zwischen 450 m^3/sec (NNW) und 9000 m^3/sec (HHW). Schiffahrt wird auf der Donau von Ulm abwärts seit altersher betrieben. Neuerdings ist man daran, im Zuge des Ausbaues der Großschiffahrtsstraße Rhein-Main-Donau die Strecke von Kehlheim, der Einmündung des Main-Donau-Kanals (Ersatz für den alten Ludwig-Donau-Main-Kanal) bis Regensburg zu kanalisieren und von da an bis Vilshofen die erforderliche Mindestfahrtiefe von 2,0 m durch Regelung zu gewinnen. Die Ausschaltung der Flußstrecke am Kachlet bei Passau erfolgt hierbei durch die auch der Nutzung von Wasserkräften dienende Kachlet-Staustufe. Das größte Hindernis für die Schiffahrt in der unteren Donau ist jedoch das 130 km lange Durchbruchstal im Eisernen Tor. Trotzdem ist die Donau die Hauptader im Verkehrssystem Südosteuropas.

Die Gesamtlänge des deutschen Wasserstraßennetzes hat 1937 13 000 km betragen. Hiervon waren 82 % natürliche und 18 % künstliche Wasserstraßen in Form von Schiffahrtskanälen (Abb. 2).

Abb. 2. Uebersichtsplan der deutschen Wasserstraßen.

§ 3. Wasserstraßenverhältnisse im Ausland.

Frankreich hat in der Pfle e der Wasserstraßen seit dem frühen Mittelalter Hervorragendes geleistet; es ist das Land des klassischen Kanalbaues. Sein gegenüber deutschen Verhältnissen völlig anders geartetes Binnenschiffahrtssystem umfaßt 13 000 km, von denen 8000 km natürliche und 5000 km künstliche Wasserstraßen sind. Wesentliche Bedeutung haben jedoch nur 10 000 km, die je zur Hälfte auf natürliche und künstl'che Wasserstraßen entfallen. Die nach dem sogenannten Freycinet-Plan aus-

Abb. 3. Die Wasserstraßen Frankreichs.

gebauten Wasserstraßen 1. Ordnung haben als Regelschiff die flämische Penische mit 38,50 m Länge, 5 m Breite und 1,80 m Tiefgang bei einer Ladefähigkeit von 270 bis 300 t. Für die Wasserstraßen 2. Ordnung besteht kein einheitliches Ausbauziel. Trotz der nach deutschen Verhältnissen zu geringen Ausmaße der Wasserstraßen befördert in Frankreich die Binnenschiffahrt ein Viertel des Gesamtgüterumlaufes. Der im Jahre 1612 erbaute Briare-Kanal, welcher den Loing, einen schiffbaren Nebenfluß der Seine, mit der Loire verbindet, war der erste Scheitelkanal. Ebenso hat Frankreich in der Kanalisierung von Flüssen durch die Einführung beweglicher Wehre bahnbrechend gewirkt.

Eng verbunden mit dem französischen Kanalnetz ist das belgische. Die schiffbaren Wasserstraßen in B e l g i e n gehören den Gebieten der Maas, Schelde und Yser an. Ihre Länge beträgt rund 1700 km. Antwerpen und Gent sind hierbei die Schwerpunkte des Schiffahrtsverkehrs.

H o l l a n d, das klassische Land des Wasserbaues überhaupt, wird von einem außerordentlich engen Netz künstlicher Wasserstraßen durchzogen. Dieses hat auch in den vergangenen Jahrzehnten einen weiteren Ausbau erfahren, so daß es heute mit seinen rd. 4000 km als das dichteste der Welt angesprochen werden kann. Die Kanäle überziehen das Mündungsgebiet des Rheins, der Maas und der Schelde und besorgen fast die Hälfte des gesamten Güterverkehrs. Hollands jüngster Kanal ist der von Maastricht nach Maasbracht für 2000-t-Schiffe ausgebaute Juliana-Kanal.

Die natürlichen Wasserstraßen E n g l a n d s sind unbedeutend. Sein Kanalbau hatte um 1800 einen Höhepunkt erreicht, wurde dann aber durch Eisenbahngesellschaften unterdrückt. Der Binnenschiffahrtsverkehr Englands weist daher laufend einen Rückgang auf. Die Gründe hierfür liegen, geographisch gesehen, in der geringen Breitenausdehnung des Landes, wodurch angesichts der starken Küstenschiffahrt die Binnenwasserstraßen mehr oder weniger entbehrlich werden.

Von den skandinavischen Ländern hat Schweden schon frühzeitig damit begonnen, künstliche Wasserstraßen zu bauen. Der Götekanal verbindet Nord- und Ostsee. Sein westlicher Teil, der Trollhättakanal, ist 1909 bis 1917 für 1400-t-Schiffe umgebaut worden. Finnland verfügt wegen seines außerordentlichen Reichtums an natürlichen Wasserstraßen und Seen nur über den 58 km langen Saimaakanal von Lauritsala nach Wiborg, während Norwegen keine verkehrswichtigen Binnenwasserwege besitzt.

Italien zeigt eine recht interessante Entwicklung im Bau künstlicher Wasserstraßen, die zum großen Teil noch Bewässerungszwecken dienen. 1257 ist der „naviglio grande" fertiggestellt worden, der Mailand mit dem Tessin verbindet und später mehrfach Erweiterungen erfahren hat. Der Bau eines Kanals von Mailand nach Venedig für den Verkehr von 600-t-Schiffen wurde 1917 in Angriff genommen, ein neuer Kanal zwischen Pisa und Livorno 1938 dem Verkehr übergeben.

Spanien besitzt keine bedeutungsvollen Wasserstraßen. Es verfügt nur über einen einzigen modernen Kanal, den 1926 eröffneten Alfons-XIII.-Kanal. Desgleichen hat auch der Balkan der sonst in Europa im Zuge befindlichen Wasserstraßenerweiterung nichts beizufügen.

Das Wasserstraßensystem Rußlands, dessen Kanalgeschichte außerordentlich interessant ist, wird heute in einem kaum vorstellbaren Ausmaße ausgebaut. Rußland besitzt rd. 42 000 km Wasserstraßen in Europa und rd. 48 000 km in Asien, wozu etwa 80 000 km flößbare Wasserwege hinzugerechnet werden können. 1935 wurde der Stalin-Kanal fertiggestellt, welcher Leningrad über den Onega-See mit dem Weißen Meer verbindet. Ebenso ist der Wolga-Moskwa-Kanal 1937 in Betrieb genommen worden. Er gestattet Wolgaschiffen den Verkehr nach Moskau. Weiter wird das Marienkanal-System für Großschiffe ausgebaut, wodurch die Hauptstadt Moskau Wasserstraßenanschluß an das Kaspische Meer, an die Ostsee und das Weiße Meer erhält. Der schon seit 50 Jahren geplante Wolga-Donau-Kanal ist zurzeit noch im Ausbau begriffen. Er gestattet den Verkehr von Schiffen mit 4700 t Ladefähigkeit. Durch ihn erhält der Raum um

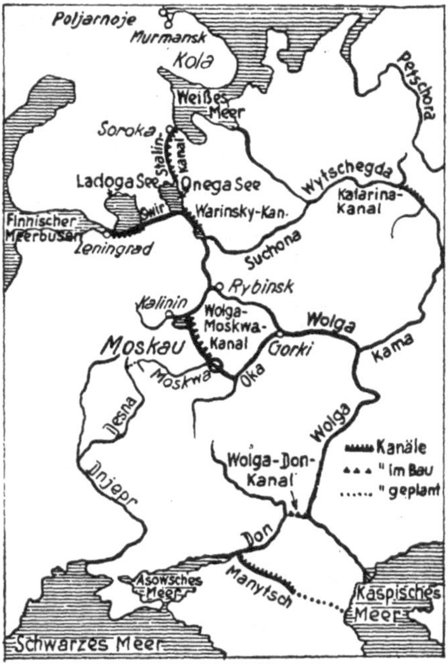

Abb. 4. Sowjetrussische Kanalbauten.

Moskau eine Verbindung mit dem Projekt der „Groß-Wolga", welches man als Kanalisierung mittels Anlage gewaltiger Staubecken ansehen kann. Rußlands gewaltiges Wasserstraßennetz endet darin, daß Güter aus dem Innern des Landes später über die Donau, den Donau-Main-Kanal und den Rhein ohne Umschlag bis zur Nordsee gelangen können.

II. Fahrzeuge der Binnenschiffahrt.

§ 4. Grundbegriffe, Bauformen, Eichung.

Die auf den Wasserstraßen verkehrenden Schiffe werden, je nachdem sie dem Personen-, dem Stückgut- oder Massengutverkehr dienen, Fahrgastschiffe oder Frachtschiffe genannt. Die für den Massengutverkehr gebauten Kähne sind offene oder überdeckte Fahrzeuge. Nach der Art der Wasserstraßen, auf denen sie zu verkehren pflegen, unterscheidet man Haffschiffe, Flußschiffe und Kanalschiffe.

Der Körper eines Binnenschiffs setzt sich aus dem Boden, dem Gerippe, den Bordwänden und dem Deck zusammen. Der Boden ist meistens flach. Das Gerippe wird durch die Spanten gebildet; auf ihnen liegt die Außenhaut, bei Holzschiffen Beplankung genannt, welche am Bug an dem Vordersteven, am Heck an dem Hintersteven befestigt wird. Dies geschieht bei hölzernen Fahrzeugen durch Einlassen in eine Nut, die man Sponung nennt. Weitere Benennungen gehen aus Abb. 5 hervor.

Die zeichnerische Darstellung eines Schiffes erfolgt wie bei Bauwerken durch drei Risse, den Grundriß oder Wasserlinienriß, den Längenschnitt oder Längsriß und die Querschnitte, genannt Spantenrisse, von denen der größte als Haupt- oder Nullspant bezeichnet wird. Abb. 5 zeigt einen modernen eisernen Frachtkahn in diesen Rissen.

Die Schnittlinie des voll beladenen Schiffskörpers mit dem Wasserspiegel heißt die oberste Wasserlinie oder die Ladelinie. Der lotrecht gemessene Abstand zwischen dieser Linie und dem untersten Punkt des Schiffskörpers ergibt seinen Tiefgang. Die Länge über alles reicht von der äußersten Spitzes des Buges bis zu der des

Heckes, die größte Breite wird über den Scheuerleisten gemessen.

Als Baustoffe kommen Holz, Stahl, Verbindungen von Holz und Stahl und neuerdings auch Stahlbeton in

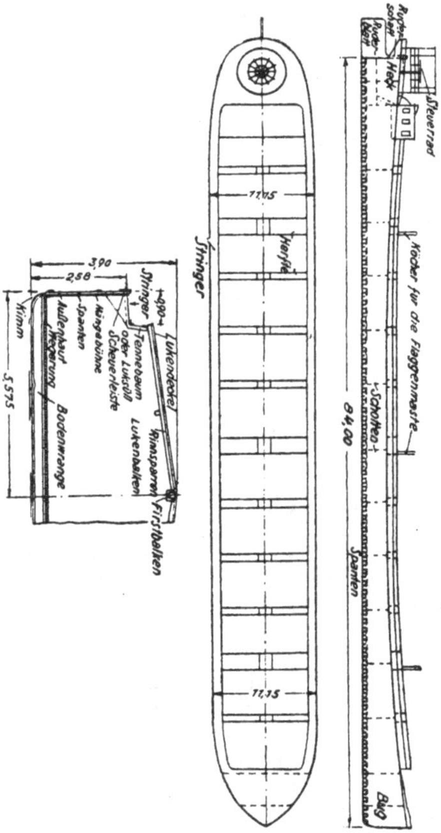

Abb. 5. Moderner stählerner Frachtkahn (a—c).

Frage. Der Vorteil der stählernen Kähne gegenüber hölzernen besteht in einem um 20 % geringeren Eigengewicht bei gleichem Tragvermögen; auch sind stählerne Fahrzeuge gegen Stöße und andere äußere Einwirkungen, wie z. B. Eis- und Wellengang, bedeutend widerstandsfähiger.

Nach der äußeren Form kann man unterscheiden die Kaffenform, die Löffelform und die Stevenform. Bei der Kaffenform laufen die Seitenplanken gegen einen breit ausgebildeten Bug aus (Abb. 6a). Wir finden sie nur noch bei älteren Holzkähnen (Berliner Zille). Ein solches Fahrzeug weist daher bei der Bewegung verhältnismäßig große Widerstände auf. Besser ist daher die Löffelform (Abb. 6b). Neuere Fahrzeuge besitzen meist die Stevenform (Abb. 6c).

Unter Deplacement ν eines Schiffes versteht man die Wassermenge in m³, welche von ihm verdrängt wird, wenn es bis zur obersten Wasserlinie eintaucht. Es ist somit gleich dem Gewicht des Schiffskörpers einschließlich Zubehör und Schiffsladung. Die Tragfähigkeit eines Schiffes ergibt sich aus der Differenz von Deplacement und Gewicht des Schiffskörpers samt Zubehör.

Der Völligkeitsgrad δ eines Schiffes ist das Raumverhältnis von Deplacement ν zu einem Prisma, dessen Länge die größte Länge L des bis zur obersten Wasserlinie eingetauchten Schiffskörpers, dessen Breite die größte Breite B des Schiffes und dessen Höhe der größte Tiefgang T sind. Der Völligkeitsgrad $\delta = \frac{\nu}{L.B.T.}$ ist daher immer ein echter Bruch. Je größer der Völligkeitsgrad, um so größer ist die Tragfähigkeit und um so rationeller ist das Schiff gebaut. Der Völligkeitsgrad moderner Frachtkähne bewegt sich zwischen 0,87 und 0,90; schlanke Personendampfer haben jedoch nur einen Völligkeitsgrad von etwa 0,6 bis 0,7.

Die Anordnung und Ausbildung der Steuerruder ist bei Binnenfahrzeugen sehr verschieden. Im allgemeinen

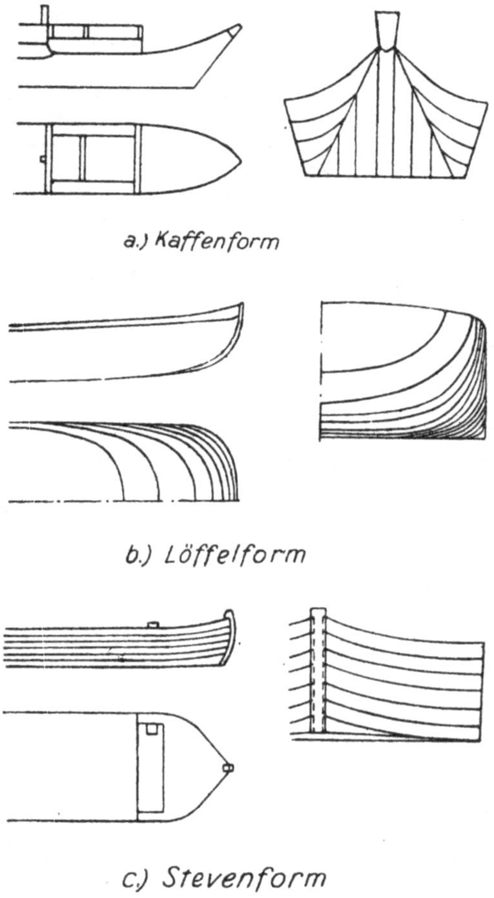

Abb. 6. Schiffsformen.

besteht jedes Ruder aus dem lotrechten Rudersteven oder Ruderschaft und dem Ruderblatt. Die Bewegung des Ruders erfolgt durch die Ruderpinne.

Die Feststellung der genauen *Tragfähigkeit* eines Lastkahnes bei verschiedenen Tauchtiefen erfolgt mittels einer *Eichung*. Sie ist geregelt durch die „Eichordnung für Binnenschiffe auf deutschen Wasserstraßen". Diese

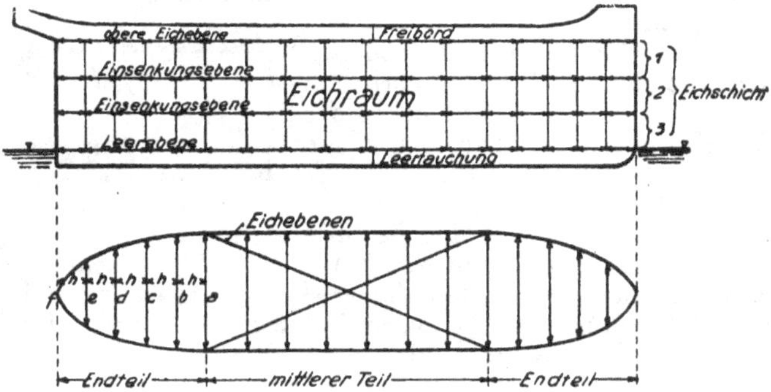

Abb. 7. Eichebenen.

sieht eine Vermessung des Schiffes vor, wobei das Fahrzeug gemäß Abb. 7 nach der Tiefe unterteilt wird in Freibord, obere Eichebene, Leerebene und Leertauchung. Unter Leerebene versteht man diejenige Schwimmlage, welche das Schiff einnimmt, wenn es nur die notwendige Ausrüstung, Vorräte und Mannschaften trägt. Die obere Eichebene bedeutet die Ebene der tiefsten Eintauchung. Der zwischen ihr und der Bordoberkante bestehende Abstand, der Freibord, ist von der Bauart der Fahrzeuge abhängig. Er darf bei gedeckten Fahrzeugen 15 cm, bei offenen 20 cm nicht unterschreiten. Die Eichung eines Fahrzeuges findet ihren Ausdruck in den an den äußeren Schiffsseiten vorhandenen *Eichskalen*. Bei Güterschiffen bis 40 m Länge sind zwei, bei längeren drei Eichskalen an jeder Seite erforderlich. Aus dem an Bord des Fahrzeuges befindlichen Eichbrief H kann durch Mitteilung der 2 × 2 bzw. 2 × 3 Ablesungen der Eichskalen die Tragfähigkeit festgestellt werden. Der Eichschein besitzt eine Nummer, unter der er von der Eichbehörde in einem Verzeichnis eingetragen ist. Er enthält ferner außer dem Namen des Schiffseigners wesentlich Angaben über die Hauptabmessungen des Schiffes und seine besonderen Merkmale.

Abb. 8. Eichschild.

Jedes Schiff trägt zu beiden Seiten des Buges eine Aufschrift in Form einer Tafel, welche neben der Tragfähigkeit des Fahrzeuges die Nummer des Eichscheines sowie die Anfangsbuchstaben des Stromes angibt, an welchem die Eichbehörde liegt. Es bedeuten z. B. in Abb. 8 E = Elbe, Mg = Schiffseichamt Magdeburg, 680 t die größte Tragfähigkeit und die Zahl 4210 die Nummer im Eichverzeichnis, der Buchstabe D = Deutschland.

§ 5. Bewegungswiderstände.

Die Billigkeit des Massentransportes und die Ueberlegenheit der Wasserstraßen gegenüber den Eisenbahnen beruht in erster Linie auf der Kleinheit der Bewegungswiderstände von Schiffen bei langsamer Fahrt. Zur Ermittelung des Schiffswiderstandes sind umfangreiche Versuche in der Natur und am Modell ausgeführt worden. Sie haben ergeben, daß der Widerstand eines in Bewegung befindlichen Schiffes aus dem Formwiderstand und dem Reibungswiderstand besteht.

Der Formwiderstand wird durch die Wasserverdrängung hervorgerufen, die das bewegte Schiff mit sich bringt. Er ist abhängig von der Fläche des größten eingetauchten Schiffsquerschnitts, aber auch von der Form des Buges und des Hecks. Der Reibungswiderstand, auch Oberflächenwiderstand genannt, entsteht durch die Reibung der Wasserfäden an den Außenflächen des Schiffskörpers. Er wird um so größer, je größer die eingetauchte Schiffsoberfläche und deren Rauhigkeit ist. Ferner nimmt er zu mit der Geschwindigkeit, mit der die Wasserfäden am Schiff vorbeiziehen.

Allgemein ist der Widerstand, welcher bei der Bewegung eines Schiffs auf einer Wasserstraße überwunden werden muß, eine Funktion der Geschwindigkeit des Fahrzeuges und des Verhältnisses vom Wasserquerschnitt F zum eingetauchten Schiffsquerschnitt bzw. zu der Hauptspantfläche f.

Welche Wasserbewegungen sich bei der Fahrt eines Schiffes in einem Kanal herausbilden, geht in großen Zügen aus Abb. 9 hervor. Vor dem Bug entsteht durch

Abb. 9. Wasserbewegungen bei Fahrt eines Schiffes auf einem Kanal.

Anprall des Schiffes gegen die ruhende Wassermasse die Bugwelle, und die vom Schiffskörper verdrängte Wassermenge strömt seitlich zurück. Dies geschieht mit starker Absenkung des Wasserspiegels. Das Schiff selbst nimmt hierbei eine leicht geneigte Lage ein; es befindet sich gewissermaßen auf einer schiefen Ebene, auf des es hinaufgezogen werden muß. Hinter dem Heck entsteht in der Vereinigung der beiderseitigen Rückströmungen die Heckwelle.

Eine rohe Annäherung über die G r ö ß e des Schiffswiderstandes ergibt die Formel

$$W = k \cdot f \, (v \pm c)^{2,25} \left(\frac{n}{n-1}\right)^{2,25}$$. In ihr bedeutet:

W = den Schiffswiderstand in kg,
v = die Geschwindigkeit des Schiffes in m/sec,
c = die Fließgeschwindigkeit des Wassers in m/sec,
n = das Verhältnis F : f.

Es ist also in strömungslosem Wasser c = O; bei Flüssen gilt — c für die Talfahrt, + c für die Bergfahrt. Der Beiwert k liegt bei modernen Flußkähnen zwischen 12 und 18, bei älteren Fahrzeugen mit verhältnismäßig stumpfem Bug zwischen 20 und 30, während er bei gut gebauten Schleppern auf 8 bis 10 heruntergeht.

Eine für alle Verhältnisse passende und mathematisch begründete Formel für die Größe des Schiffswiderstandes läßt sich nicht aufstellen. Genauere Ergebnisse für die Größe des Schiffswiderstandes ergeben die Formeln von *Gebers* (s. Engels, Handbuch des Wasserbaues, 3. Auflage, Bd. 2, S. 696). Erst bei einem Verhältnis von n größer als 10 ist der Schiffswiderstand in einem begrenzten Wasserlauf nahezu so groß wie derjenige in freiem Wasser, wobei die Begrenzung nach der Tiefe stärker auf den Widerstand einwirkt als die nach der Breite.

Die Widerstände von Schleppzügen lassen sich nach der Summe der für die einzelnen Fahrzeuge errechneten Einzelwiderstände bestimmen. Doch muß für Schleppzüge, die durch Schleppdampfer bewegt werden, der Widerstand des ersten Schleppkahnes, bedingt durch die Einwirkung des vom Schlepper bewegten Wassers, einen Zuschlag von 10 bis 20 % erfahren, welcher erst bei einem Abstand von über 100 m zwischen der Schiffsschraube und dem ersten Kahn außer acht gelassen werden kann.

§ 6. Uebersicht der Schiffstypen.

Die Binnenschiffahrt erstrebt ein Wasserstraßennetz mit möglichst einheitlichen Maßen der Breite und Tiefe, so daß ein Verkehr mit großen Schiffen auf langer Strecke und ohne Umladung möglich ist. Die naturgegebenen Voraussetzungen und die Eigenart der Flüsse setzten aber diesem Wunsch nach Einheitlichkeit gewisse Grenzen. Es besitzt daher fast jede Wasserstraße bestimmte „Maßkähne", die ihrer Eigenart angepaßt sind. Auch die wirtschaftliche Lage der Schiffsbesitzer und die Verkehrsanforderungen in den verschiedenen Landschaften spielen bei der Bestimmung der Schiffsgröße und der Schiffseinrichtung eine wesentliche Rolle.

Die nachfolgende Zusammenstellung (s. S. 30 u. 31) gibt einen Ueberblick über die auf den deutschen Binnenwasserstraßen hauptsächlich verkehrenden Lastkähne. Den größten deutschen Einheitsschiffstyp finden wir mit einer Tragfähigkeit von 4000 t auf dem Rhein.

Umfangreiche von *Sympher* angestellte Untersuchungen haben ergeben, daß dem Ausbau der Hauptwasserstraßen Mitteleuropas das 1000-t-Schiff als Regelschiff zugrunde gelegt werden kann. Die freien geregelten Ströme bedürfen verhältnismäßig geringer Nacharbeiten, um den Durchgang von 1000-t-Schiffen zu gestatten. Und die Ausgestaltung eines Kanals für 1000-t-Schiffe braucht sich bei geeigneter Wahl von Breite und Tiefgang der Fahrzeuge von einer solchen für 600-t-Schiffe nur wenig zu unterscheiden.

Man hat zwei Typen des 1000-t-Regelschiffs festgelegt:

1. das Kanal-Flußschiff mit 80 m Länge, 10,5 m Breite und 1,60 m Tiefgang und
2. das Kanalschiff mit 80 m Länge, 9,2 m Breite und 2,00 m Tiefgang.

Es sei hierbei bemerkt, daß der Sinn des Regelschiffs, das bis heute praktisch nur in wenigen Ausführungen vorhanden ist, nicht darin besteht, in Zukunft allen Lastkähnen diese Ausmaße zu geben. Vielmehr soll es als Fahrzeug für die Wahl der Abmessungen einer Wasserstraße und ihrer Schleusen ebenso nur ein „Regelschiff" sein wie z. B. die 24-t-Dampfwalze als Regellast für die Berechnung einer Brücke nach Brückenklasse I. Für die süddeutschen Hauptwasserstraßen wie Donau, Donau-Main-Kanal und Neckarkanalisierung ist bereits das 1200-t-Schiff als Regelschiff mit L = 81 m, B = 10 m und T = 2,3 m festgelegt worden.

Die Nebenwassersraßen Mitteleuropas sollen nach dem Vorschlag *Symphers* ein Fahrzeug von 40,2 m

Schiffstypen auf deutschen Wasserstraßen.

Bezeichnung	Ladefähigkeit in t	Länge in m	Breite in m	Tiefgang in m
		Odergebiet		
Hölzerner Oderkahn	120	40	4,60	1,65
Hölzernes Oderschiff	200—235	46	6,50	1,60—1,80
Breslauer Maßkahn	550	55	8,00	1,75
Groß-Breslauer-Maß	590	57	8,20	1,75
		Märkische Wasserstraßen		
Unter-Finow-Maß	170	38	4,00	1,60
Finow-Maßkahn	200	40,2	4,60	1,60
Groß-Finow-Maß	250	41,5	5,10	1,60
Berliner Maßkahn	350	46	6,60	1,75
Niegripper Maßkahn	500	62	7,70	1,75
Plauer Maßkahn	650	65	8,00	1,75
Groß-Plauer-Maß	760	67	8,20	2,00
		Elbegebiet		
Saale-Maßkahn	400	51	6,00	1,75
Groß-Saale-Maß	450	52	6,35	1,75
Elbeschiff	600	76	10,50	1,80
		Wesergebiet		
Allerschiff	320	49,4	7.20	1,50
Weserkahn	650	60,5	8,80	1,90

Bezeichnung	Ladefähigkeit in t	Länge in m	Breite in m	Tiefgang in m
		Westdeutsche Kanäle		
Tjalk	140	25,0	5.00	1,80
Harener Pünte	180	26,0	5,70	1,75
Penische	280—360	38,50	5,05	1,80—2,30
Kepenaer	620	50,0	6,60	2,50
Dortmund-Ems-Kanalkahn	770	67,0	8,20	2,00
Rhein-Herne-Kanalkahn	1350	80,0	9,50	2 50
		Rheingebiet		
Neckarschiff 1	200	42,0	6,00	1,20
Neckarschiff 2	360	45,0	7,00	2,20
Mainschiff 1	200	41,0	6 40	1,10
Mainschiff 2	420	50,0	7,50	1,65
Lahnschiff	190—220	34,2	5,20	1,25—1,90
Moselschiff	218	43,4	5,65	1,45
Rheinschiff 1	700	58,0	8.30	2,05
Rheinschiff 2	1500	82,0—85,0	10,2—10,3	2.30—2,50
Rheinschiff 3	1700	84,0	11,15	2,58
Rheinschiff 4	3500	120,0	14,08	2,85
		Donaugebiet		
Donauschiff 1	675	63,0	8,20	1,90
Donauschiff 2	1000	72,0	9,20	2,30

Länge, 4,6 m Breite und 1,6 bis 2,0 m Tiefgang mit 200 bis 250 t Ladefähigkeit als Regelschiff erhalten.

Binnenschiffe, die Laderaum und Antriebskraft in sich vereinigen, werden Selbstfahrer genannt. Ihre Verwendung ist heute in ständigem Zunehmen begriffen. Die Vorteile der Selbstfahrer liegen darin, daß sie durch Wegfall der Zeit für das Zusammenstellen der Schleppzüge und das Warten auf die erforderliche Schleppkraft einen größeren Umlauf aufweisen. Zu den Selbstfahrern gehören auch die Eilfrachtdampfer und Eilmotorschiffe, die besonders dem Stückgutverkehr dienen, aber auch für den Massengutverkehr geeigneten Ladungsraum besitzen und vielfach dabei noch andere Kähne in Schlepp nehmen. Auf der Elbe verkehren Doppelschraubendampfer von 64 m Länge und 7,8 m Breite, welche eine Tragfähigkeit von 450 t aufweisen; sie sind mit zwei Verbundmaschinen von je 80 PS ausgerüstet. Bedeutende Motorschiffe von 65 m Länge, 8,7 m Breite und 722 t Tragfähigkeit fahren auf dem Rhein. Sie haben zwei Dieselmotoren von je 250 PS Leistung, welche eine Fahrtgeschwindigkeit von 16 km in der Stunde gestatten. Alle diese Fahrzeuge sind mit Lademasten zum schnellen Laden und Löschen versehen.

Die deutsche Binnenschiffahrtsflotte umfaßte im Jahr 1939 rd. 18 000 Fahrzeuge aller Art und Größe. Ueber die Hälfte dieser Fahrzeuge befand sich in den Händen von Kleinschiffern, die am Rhein „Partikulier“ genannt werden. Der andere Teil war im Besitz von mehr oder weniger großen Reedereien. Die bedeutendsten von ihnen hatten über 100 Schiffe auf dem Wasser.

Ein besonderer Zweig des Güterverkehrs auf den Wasser-Straßen ist die Flößerei. Die Flöße werden so gebildet, daß Baumstämme oder Balken in Flußrichtung nebeneinandergelegt und mit Querhölzern zu Tafeln, den Gestören oder Gesperren, verbunden werden. Diese wiederum werden untereinander durch Gurtweiden zusammengefügt, so daß die Flöße in lotrechtem Sinne biegsam bleiben. Flöße erfordern eine Mindestwassertiefe von 0,30 bis 0,50 m. Ihre zulässige Länge und Breite ist je nach der Wasserstraße verschieden und durch Polizeiverordnungen festgelegt.

III. Schiffahrtsbetrieb auf Wasserstraßen.

§ 7. Arten des Schiffahrtsbetriebes.

Die Talfahrt der Lastkähne wurde früher allgemein ohne Hilfe einer anderen Kraft mit dem Strom treibend ausgeführt. Der Schiffer hat hierfür den Ausdruck „auf sich fahrend".

Ein allein durch die Strömung getriebenes Schiff befindet sich auf einer schiefen Ebene, wobei es durch die in Richtung des Gefälles wirkende Komponente der Schwerkraft eine Beschleunigung erfährt. Diese „Antriebskraft" steigert sich so lange, bis mit dem auftretenden Schiffswiderstand Gleichgewicht besteht. Jedes Schiff ist um so steuerfähiger, je tiefer es eintaucht. Soll ein zu Tal fahrendes Schiff am Ufer anlegen oder im Fluß vor Anker gehen, dann muß es um 180° gegen die Strömung gedreht werden, weil nur dann die Bewegungen beim An- und Ablegen mit genügender Steuerkraft erfolgen können.

Das S e g e l n hat für die Binnenschiffahrt keine Bedeutung. Es bleibt auf die unteren Strecken großer Flußmündungen beschränkt.

Die älteste und einfachste Art der Fortbewegung schwimmender Fahrzeuge ist die durch S t a k e n oder S c h i e b e n vom Schiff aus. Sie wird heute noch angewendet beim Absetzen vom Ufer oder bei anderen geringen Ortsveränderungen.

Die wichtigsten Mittel zum Ziehen von Schiffen sind der Leinenzug vom Ufer aus, genannt T r e i d e l e i, und der Einsatz freifahrender S c h l e p p e r.

Bevor näher auf diese beiden Arten des Schiffahrtsbetriebes eingegangen wird, sei die K e t t e n s c h i f f -

fahrt oder Tauerei erwähnt, welche jedoch von den deutschen Wasserstraßen nahezu verschwunden ist. Das Schleppfahrzeug bewegt sich hierbei an einer Kette oder einem Seil vorwärts, das verankert auf der Flußsohle liegt und von hier zu besonders gebauten Trommeln auf dem Schiff geführt wird (Abb. 10).

Die Tauerei war früher auf dem Neckar, dem Main, der Elbe und der Donau heimisch. Die Nachteile dieses Betriebes sind die hohen Anlage- und Unterhaltungskosten der Kette sowie die Zeitaufenthalte, die mit ihrem Aufnehmen und Ablegen entstehen.

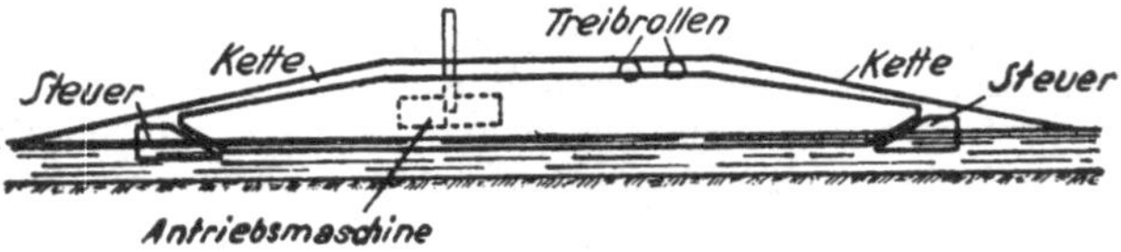

Abb. 10. Schema eines Kettenschleppers.

Eine andere Art der Fortbewegung von Schiffen ist der Seilschleppbetrieb durch ein endloses, über eine Antriebsrolle und eine Gegenrolle laufendes Seil, an dem sich die Schiffe mittels besonderer Klemmen festmachen. Wir finden einen solchen Seilschleppbetrieb auf einigen Strecken des Teltow-Kanals. Er hat den großen Vorzug, daß das Schleppmittel jederzeit zur Verfügung steht und das Schiff in seinem Reiseweg unabhängig ist.

Der Umstand, daß freifahrende Schlepper infolge der durch die Schiffsschrauben hervorgerufenen Wasserbewegungen das Bett eines Kanals mehr oder weniger stark angreifen, zudem der Wirkungsgrad der Schiffsschraube recht gering ist, hat vor einigen Jahren den Zivilingenieur Arthur H. *Müller* aus Hamburg zu dem Gedanken geführt, die Fortbewegung der Schiffe auf künstlichen Wasserstraßen durch eine Treidelschwebebahn nach Art der bekannten Schwebebahn Elberfeld—Barmen vorzuschlagen. Dieser Gedanke hat jedoch mit Rücksicht auf die hohen Anlagekosten der Gerüste, an denen die elektrisch betriebene Schleppkatze entlangläuft, keine Aussicht auf Verwirklichung; hierzu kommt die starke Beeinträchtigung des Landschaftsbildes.

§ 8. Treidelei und Schleppschiffahrt.

Treideln ist die Fortbewegung eines Schiffes durch Leinzug vom Ufer aus, wozu ein besonders hergestellter Weg, der Leinpfad, dient. Die älteste Form ist das Ziehen des Schiffes durch den Schiffer selbst. Die Treidelei mit Pferden, wobei die Zugkraft eines normalen Tieres zu 60 kg bei einer Geschwindigkeit von 1,2 m/sec und seine Tagesleistung zu 8 Stunden angenommen werden darf, ist auf den französischen Kanälen heute noch vielfach üblich. Das Zugseil wird in der Regel vom Schiffer vorgehalten und nach Führung über eine Rolle, die sich an dem Treidelmast befindet, am Hinterschiff nahe dem Steuerruder festgelegt, so daß es vom Schiffer leicht verlängert und verkürzt werden kann.

Auf natürlichen Wasserstraßen ist die Treidelei durch die Schleppschiffahrt fast ganz verdrängt worden. Sie hat aber immer noch Bedeutung für den Schiffahrtsbetrieb auf Kanälen, nachdem die Zugkraft des Tieres durch die der Maschine ersetzt worden ist. Als Antriebskraft kommt hierbei heute vorwiegend die Elektrizität in Frage, da sich der Betrieb mit Dampflokomotiven als zu teuer erwiesen hat. Die elektrischen Treidellokomotiven laufen auf Schienen, welche in einer entsprechenden Bettung auf dem Leinpfad verlegt sind. Elektrischen Treidelbetrieb besitzt der Teltow-Kanal. Die hier verwendeten Lokomotiven haben bei einer Spurweite von 1 m ein Gewicht von 7000 kg, von denen 4100 kg auf den Rädern der landseitigen und 2900 kg auf denen der wasserseitigen Schiene ruhen, um die durch den Leinzug bedingte Schrägkraft besser aufzunehmen. Die mit zwei 8-PS-Gleichstrom-Motoren ausgerüsteten Lokomotiven sind imstande, Schleppzüge bis zu 1800 t mit einer Geschwindigkeit von 4 bis 5 km/Std, zu ziehen. Der Strom wird einer am Treidelweg entlangführenden Oberleitung durch Schleifbügel entnommen.

Alle neueren deutschen Kanäle sind bezüglich der Gestaltung des Leinpfades so ausgebaut, daß auf ihnen elektrischer Treidelbetrieb eingerichtet werden kann. Nachteile des Treidelbetriebes sind die hohen Anlage- und Unterhaltungskosten der Uferwege und die zur Ueberquerung von Stichkanälen notwendig werdenden Brücken.

Zu besonderer Vollkommenheit sind die Treideleinrichtungen in Frankreich entwickelt worden. Neben den elektrisch betriebenen auf Gleisen und gleislos auf Luftbereifung fahrenden Treidelmaschinen findet man mit Verbrennungsmotoren ausgestattete gleislos fahrende Traktoren. Die Treidelanlagen sind hierbei jedesmal nur auf einem Ufer eingerichtet. Sobald sich zwei Schiffe begegnen, tauschen die beiden Zugmaschinen ihre Schlepptaue aus und fahren den Weg, auf dem sie gekommen sind, wieder zurück.

Die Vorteile des Schlepperbetriebes liegen in der Vermeidung der Anlage- und Unterhaltungskosten für Uferwege, Ueberbrückungen, Ketten und andere Einrichtungen, wie sie die Treidelei und Tauerei erfordern; ferner in der Freizügigkeit, mit der die Schlepper auf der Wasserstraße verkehren. Ein gewisser Nachteil des Schleppbetriebes ist der, daß der Schlepper immer mitgeschleust werden muß, wodurch sich die Baukosten der Schleusen erhöhen. Ein weiterer Nachteil, der hauptsächlich bei Kanälen ins Gewicht fällt, besteht darin, daß durch den Schleppbetrieb Wasserbewegungen verursacht werden, welche Sohle und Ufer des Bettes angreifen. Hierdurch werden, abgesehen von den späteren Unterhaltungskosten, schon bei der Neuanlage stärkere Ufersicherungen notwendig, als sie andere Zugmittel erfordern würden.

Schleppfahrzeuge können Schrauben- oder Radschlepper sein, doch überwiegen im allgemeinen die Schraubenfahrzeuge. Die Radschlepper werden als Seitenrad- oder Heckrad-Schlepper gebaut. Der Radschlepper hat gegenüber dem Schraubenschiff Vorteile und Nachteile: auch im flachen Wasser, wo größere Schrauben unzweckmäßig sind, kann das Schaufelrad mit seinen vorwärtstreibenden Flächen noch wirkungsvoll arbeiten, andererseits ist der Seitenradschlepper infolge seiner breiten Radkästen für krümmungsreiche Gewässer unzweckmäßig. Heckradschlepper, die den Nachteil der großen Breite nicht aufweisen, finden wir z. B. vielfach auf der Oder.

Abb. 11. Schleppzüge auf dem Rhein.

Antriebskraft der Schlepper ist vorwiegend die Dampfmaschine, seltener die Dampfturbine. Die Verwendung von mit Dieselmotoren ausgerüsteten Schleppern ist in starker Zunahme begriffen.

Die Schleppdampfer für die westdeutschen Kanäle und die märkischen Wasserstraßen haben im Durchschnitt eine Maschinenstärke von 100 bis 200 PS bei einer Länge von etwa 25 bis 30 m. Die vielfach auf dem Rhein verwendeten Seitenradschleppdampfer besitzen bei einer Länge von etwa 75 m, einer Schiffsbreite von 8,8 m und einer Breite über den Radkästen von über 20,5 m Dampfmaschinen bis zu etwa 2000 PS-Leistung. Ein solches Fahrzeug kann bis sechs beladene große Rheinkähne ziehen. Die neuerdings auf dem Rhein verkehrenden Dieselmotorschlepper haben als Antriebskraft zwei Viertakt-Schiffsdieselmotoren mit je 770 PS. Die Oelbunker, welche gleichzeitig als Trimmtanks dienen, fassen neben dem eigenen Treibstoffbedarf für Hin- und Rückfahrt noch

350 t Oel, die je nach Bestimmung unterwegs oder im Zielhafen an Land gegeben werden können.

Die Schlepper ziehen ihre Anhänge mit Hilfe von Schlepptauen. Im allgemeinen fahren die Kähne in einem gewissen Abstand hintereinander, doch dürfen sie auf dem Rhein auch zu zweien nebeneinander gekoppelt werden. Welche Betriebsweisen hierbei möglich sind, geht aus Abb. 11 hervor.

§ 9. Betriebsordnungen.

Die privatrechtlichen Verhältnisse der Binnenschiffahrt werden durch das Binnenschiffahrtsgesetz von 1895 in der Fassung von 1898/1936 geregelt. Es befaßt sich mit der Verantwortlichkeit des Schiffseigentümers und des Schiffes, dem eigentlichen Frachtgeschäft, der Auseinandersetzung über die durch Unfälle hervorgerufenen Schäden und Kosten unter den an Schiff und Ladung Beteiligten, genannt Haverei, sowie der Bergung und Hilfeleistung bei Schiffsunfällen. Die Klärung von Rechtsstreitigkeiten erfolgt hierbei vor besonderen Binnenschiffahrtsgerichten. Als solche werden meist an einem Strom gelegene Amtsgerichte bestellt. Bei ihnen werden auch die Schiffsregister geführt, die mit dem Grundbuch zu vergleichen sind. Die Urkunde über die erfolgte Eintragung eines Schiffes nennt man Schiffsbrief. Alle Binnenschiffe müssen vom Schiffseigentümer zur Eintragung in das Binnenschiffsregister angemeldet werden, deren Tragfähigkeit mehr als 20 t beträgt und die eine Treibkraft von mehr als 100 PS haben, ferner jedes Tankschiff, jeder Schlepper und jedes Stoßboot.

Der Verkehr auf den deutschen Binnenwasserstraßen wird polizeilich durch die Deutsche Binnenschiffahrtspolizeiverordnung vom 12. April 1939 geregelt, jedoch mit Ausnahme des Rhein- und Donaugebietes, sowie des Nord-Ostsee-Kanals. Für diese Wasserstraßen sind auf Grund der örtlichen Verhältnisse besondere Polizeiverordnungen zur Wahrung der Strom- und Schiffahrtspolizei herausgegeben worden.

Die Binnenschiffahrtspolizeiverordnung enthält Angaben über die erforderliche Bemannung der Fahrzeuge, ihre zulässige Fahrgeschwindigkeit auf den einzelnen Wasserstraßen, die Zahl der erlaubten Anhänge bei Schleppbetrieb, ihr Verhalten auf der Strecke während der Fahrt

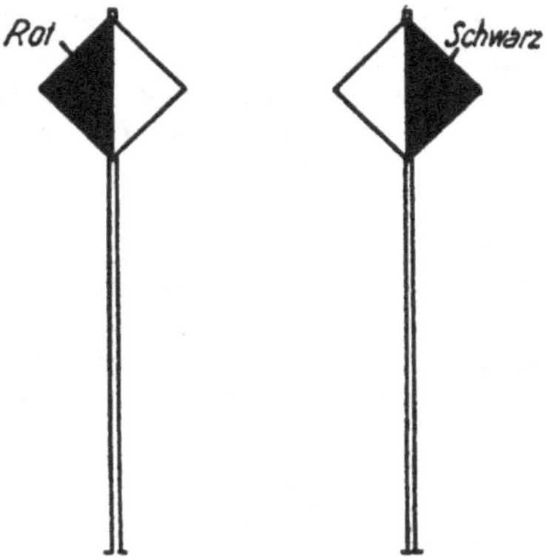

Abb. 12. Fahrwasserbezeichnung.

und beim Auftreten von Hindernissen, die Signalgebung bei Tag und die Lichterführung bei Nacht. Einige auch für den Verkehrswasserbauer wesentliche Bestimmungen sind folgende:

Es bedeutet im Schiffsverkehr ein langer Ton: „Achtung!“, ein kurzer Ton: „Ich fahre nach rechts!“, zwei kurze Töne: „Ich fahre nach links!“ Schwierige Stellen im Fahrwasser werden am Ufer bei Tage rechts durch eine weiße und eine darunter angebrachte rote Tafel, bei Nacht in gleicher Weise durch ein weißes und darunter befindliches rotes Licht gekennzeichnet. Seitliche Begrenzungen des Fahrwassers besorgen am rechten Ufer schwarze Kegelbojen, Stangen mit Strohbüscheln oder Weidenruten, am linken Ufer rote Spierentonnen oder glatte Stangen ohne Strohbüschel. Der Uebergang eines Fahrwassers von einem zum anderen Ufer wird am rechten Ufer durch Baken mit Rauten quer zur Stromrichtung schwarz und weiß, am linken Ufer durch Rauten quer zur Stromrichtung rot und weiß markiert. Es ist also stets die genügende Fahrwassertiefe vorhanden, wo die weiße Spitze der Raute hinzeigt (Abb. 12). Sperrstellen für die Schiffahrt kennzeichnen am Tage zwei rote Flaggen oder Tafeln übereinander, bei Nacht zwei rote Lichter übereinander. Festgefahrene oder gesunkene Fahrzeuge sowie im Strom befestigte schwimmende Geräte zeigen bei Tag, wo Fahrwasser frei — rot-weiße Flagge, wo Fahrwasser nicht frei — rote Flagge; bei Nacht werden rote bzw. weiße Flaggen durch rotes bzw. weißes Licht ersetzt.

Ausübende der Strompolizei sind die Wasserstraßenbehörden. Sie haben auch für den Schutz der Wasserstraße gegen unbefugte Eingriffe und Einwirkungen zu sorgen.

Weitere Betriebsordnungen bestehen für das Durchfahren von Schleusen. Durch sie wird die tägliche Betriebszeit, die Reihenfolge der Schleusungen und das einzelnen Schiffen etwa zu gewährende Vorschleuserecht — auch Vorrang genannt — festgelegt.

Zum rechtzeitigen Aufsuchen von Schutzhäfen ist an den Flüssen ein Hochwassernachrichtendienst eingerichtet, der abwärts gelegenen Orten den Eintritt von hohen Wasserständen und Eisgängen auf telefonischem und telegrafischem Wege übermittelt.

§ 10. Verwaltung der Wasserstraßen.

Die Verwaltung der Wasserstraßen lag in Deutschland vor 1918 den einzelnen Ländern ob. Auf Grund der Reichsverfassung von 1919 und des daraufhin abgeschlossenen „Staatsvertrages betreffend den Uebergang der Wasserstraßen von den Ländern auf das Reich“

ging 1921 die Verwaltung der Wasserstraßen auf das Reich über. Die Zuständigkeiten des Reiches, das somit Eigentümer der Wasserstraßen ist, umfassen außer der eigentlichen Verwaltung den Bau, die Unterhaltung und den Betrieb der Wasserstraßen, die Strom- und Schifffahrtspolizei sowie das Seezeichen- und Lotsenwesen. Zentralbehörde für die Verwaltung der Wasserstraßen war bis 1941 „der Reichsverkehrsminister", von da an „der Generalinspektor für Wasser und Energie". Nach 1945 wurden für die östliche Besatzungszone sowie für die drei westlichen Besatzungszonen neue Zentralverwaltungen in Form einer „Generaldirektion Schiffahrt" gebildet.

Mittelbehörden für den Betrieb und die Unterhaltung der Wasserstraßen sind die Wasserstraßen-Direktionen. Als Ortsbehörden bestehen Wasserstraßenämter, wobei zur Erfüllung von besonderen Bauaufgaben je nach Erfordernis Wasserstraßen-Neubauämter oder auch Wasserstraßen-Vorarbeitenämter eingerichtet werden.

Die Benutzung der natürlichen Wasserstraßen ist abgabenfrei. Auf Kanälen hingegen werden Schiffahrtsabgaben erhoben, welche zur Deckung der Unterhaltungskosten und zur Verzinsung und Tilgung des Anlagekapitals dienen. Die Kanalabgaben sind den volkswirtschaftlichen Bedürfnissen entsprechend sehr weitgehend gestaffelt; ihre Bezahlung erfolgt auf den meist an Schleusen befindlichen „Hebestellen" nach einem sechsklassigen Güterverzeichnis.

Eine besondere Eigentümlichkeit des Mittellandkanals ist der staatliche Schleppbetrieb (Schleppmonopol). Seine Einführung beruht auf der Erkenntnis, daß eine Wasserstraße ebenso wie eine Eisenbahn nur dann gut ausgenutzt werden kann, wenn eine straffe Lenkung des Verkehrs vorhanden ist. Außerdem spielt der Gesichtspunkt eine Rolle, durch den staatlichen Betrieb eine weitgehendste Schonung des Kanalbettes zu erreichen. Es wird daher auf dem Mittellandkanal für alle Kähne ohne eigenen Antrieb die Schleppkraft gegen Entgelt, den Schlepplohn, gestellt. Die Anhänge können hierbei selbstverständlich private Lastschiffe sein, wie auch private Selbstfahrer verkehren können. Oertliche Dienststellen des Schleppbetriebes sind die Schleppämter. Der eigene Fahrzeugpark des Schleppbetriebes bestand 1938 aus 131 Schleppern verschiedener Bauart.

B. Flußregelungen.

IV. Allgemeines über Flußregelungen.

§ 11. Entstehung der fließenden Gewässer.

Die fließenden Gewässer bilden ein Glied in der großartigen Naturerscheinung vom Kreislauf des Wassers. Sie verdanken ihre Entstehung den atmosphärischen Niederschlägen in Form von Regen, Schnee oder Hagel.

Ein Teil des Niederschlagswassers fließt oberirdisch ab und gelangt so unmittelbar zum Gewässer. Ein anderer Teil versickert, wobei das Maß der Versickerung von der Neigung des Geländes und der Durchlässigkeit und Lagerung des Untergrundes abhängig ist. Ein dritter Teil des Wassers endlich verdunstet. Der Umfang der Verdunstung wird durch die Farbe und Bedeckung des Bodens, sowie die Bewegung und das Sättigungsdefizit der Luft bestimmt.

Die Entstehung der fließenden Gewässer und damit der Täler ist eine Folge der zerstörenden und auflösenden Wirkung des Wassers. Es bilden sich Vertiefungen in der Erdoberfläche, die sich zu Rinnen verlängern, in denen das Wasser entlangströmt. Dies geht nicht ohne weitere Auswaschungen ab, wodurch die Seitenwände immer steiler werden und schließlich einstürzen. Dadurch wird eine Anstauung des Wassers hervorgerufen, und es wird gezwungen, sich einen neuen Abfluß über den Schuttkegel zu suchen. Natürliche Dämme in Gestalt von Felsen bewirken hierbei vorübergehend eine seeartige Aufstauung des Wassers. Aber auch sie verschwinden allmählich mit dem Ueberströmen, wobei sich Wasserfälle und Stromschnellen bilden. Dieses Spiel wiederholt sich in stetigem Fortgang und führt mit wachsender Abflußmenge zur Bildung langer Täler.

Flußvertiefungen oder Flußeingrabungen ziehen eine Senkung des Wasserspiegels und damit bei alluvialem Untergrund auch eine Senkung des umgebenden Grundwasserstandes nach sich. Die dadurch hervorgerufenen Nachteile bestehen in einer Minderung der Ernteerträge infolge zu tiefer Grundwasserlage und in dem Versiechen von Brunnen. Die Vorteile, welche durch Sohlenvertiefungen entstehen können, sind niedrigerer Hochwasserspiegel sowie eine Erhöhung der Ertragfähigkeit von Ländereien, die vorher unter Versumpfung gelitten haben.

Die der Flußeingrabung entgegengesetzte Erscheinung ist die der Sohlenerhöhung. Sie entsteht durch Ablagerung des vom Wasser mitgeführten Gerölls infolge mangelnder Räumungskraft. Die Auflandung zieht naturgemäß die umgekehrten Folgen nach sich, wie sie bei den Auswirkungen der Sohlenvertiefung genannt sind: Häufigeres Auftreten von Hochwasser, Ueberschwemmen des Talgrundes mit Sinkstoffen und Geschieben, Versumpfung landwirtschaftlich genutzten Geländes.

Der planmäßige Ausbau der Flüsse verfolgt die Absicht, den Urzustand eines Gewässers in eine solche mehr oder weniger künstliche Form zu verwandeln, die den verschiedensten Bedürfnissen des Menschen entspricht.

Die Zuflüsse in den obersten Niederschlagsgebieten der Gebirge heißen Wildbäche. Sie führen meistens nur sehr wenig Wasser, schwellen dagegen bei Regenfällen äußerst rasch an und führen infolge ihres großen Gefälles in starkem Umfange Verwitterungsprodukte der anliegenden Hänge zu Tal. Aus der Vereinigung mehrerer Wildbäche entsteht der Gebirgsfluß. Sein Wasserabfluß ist ausgezeichnet durch hohe Geschwindigkeit bei starker Geschiebeführung.

Mittel- und Unterlauf der Ströme besitzen als Niederungs- oder Flachlandflüsse bei großer Wasserführung schwaches und gleichmäßiges Gefälle. Der Unterschied zwischen Hoch- und Niedrigwasser ist wesentlich geringer als im Oberlauf.

Die bautechnische Behandlung der Wildbäche und Gebirgsflüsse gehört in das Gebiet der landwirtschaftlichen Wasserbaues. Alle Maßnahmen zielen hierbei darauf hin, eine Verzögerung und gleichmäßige Verteilung des Abflusses zu erreichen, um die Erdkruste vor den zerstörenden Angriffen des Wassers zu schützen. In Zusammenhang damit steht die Wildbachverbauung und die Zurückhaltung des Abflusses in Seen, Staubecken oder Sümpfen. Eine sehr wesentliche Rolle spielt auch die planvolle Bewirtschaftung des Waldes. Die Teile eines Stromes, die für den Verkehrswasserbauer im Hinblick auf die Förderung der Schiffahrt von Bedeutung sind, gehören seinem Mittel- und Unterlauf an, wobei die Regelung der Flußmündungen als ein Teilgebiet des Seebaues zu betrachten ist (s. Franzius und Bökemanns „See- und Hafenbau“, Samml. Göschen, Bd. 962).

§ 12. Natürliche Vorbedingungen des Flußausbaues.

Der Grad der Schiffbarkeit eines Stromes hängt in hohem Maße von seinem natürlichen Zustand ab. Dieser spiegelt sich wieder in dem jährlichen Abflußvorgang mit seinen Schwankungen, dem Flußgefälle, sowie allen Vorgängen, die aus der Geschiebebewegung herrühren.

Die Abflußmengen eines Flusses schwanken im Laufe eines Jahres recht erheblich. Sie sind bedingt durch die Lage und Beschaffenheit des Einzugsgebietes. Die Zuflüsse aus dem Hochgebirge führen im Winter wenig und im Sommer viel Wasser, die aus dem Mittelgebirge und aus dem Flachland stammenden verhalten sich im allgemeinen umgekehrt. Dies hat seinen Grund darin, daß die Gletscher der Hochgebirge als eine Art Staubecken wirken.

Das G e f ä l l e eines Flusses ist neben der Abflußmenge am meisten entscheidend über die Tiefe und Breite des Fahrwassers, das durch einen Ausbau erreicht werden kann. Je stärker das Gefälle, um so größer wird die Geschwindigkeit des fließenden Wassers und ein um so kleinerer Querschnitt reicht infolgedessen aus, um eine bestimmte Wassermenge abzuführen. Kleines Gefälle ist daher stets für die Schiffahrt günstig. Die meisten Flüsse weisen in ihrem Gefälle starke Unregelmäßigkeiten auf. Sehr bedeutende Gefällbrüche entstehen da, wo Felsbarren das Flußbett durchkreuzen (Rhein am Binger Loch) oder ein Nebenfluß grobes Geschiebe in den Hauptstrom einbringt, das dieser nicht weiter verfrachten kann.

Die G e s c h i e b e b e w e g u n g ist abhängig von den geologischen Verhältnissen des Talgrundes. Ein Strom kann daher im Urzustand seinen Lauf nur so ausbilden, wie es die tektonische Beschaffenheit des Geländes, durch das er fließt, sowie die zur Fortbewegung mitgeführten Gesteinstrümmer in Form von Geschiebe zulassen.

Jeder Fluß hat das Bestreben, einen gewissen G l e i c h g e w i c h t s z u s t a n d zwischen Abflußmenge, Gefälle und der „Verschleißfestigkeit" seines Gerinnes herbeizuführen. Die Bettbildung gestaltet sich daher je nach dem Einfluß der genannten drei Faktoren, sowie ihrem gegenseitigen Verhalten sehr verschieden. Sie wechselt mit dem Maß der Schwankungen, denen Abflußmenge, Gefälle und Geschiebeführung ausgesetzt sind, sehr häufig, so daß sich im Laufe der Zeit starke Veränderungen an nicht ausgebauten Flüssen zeigen. Stromspaltungen, Laufverlagerungen, Bildung von Inseln und Altarmen führen dazu, das Werden eines stetigen Bettes zu verhindern.

Entspricht das durchschnittliche Talgefälle dem Gleichgewichtszustand, so wird der Fluß ein leicht geschlän-

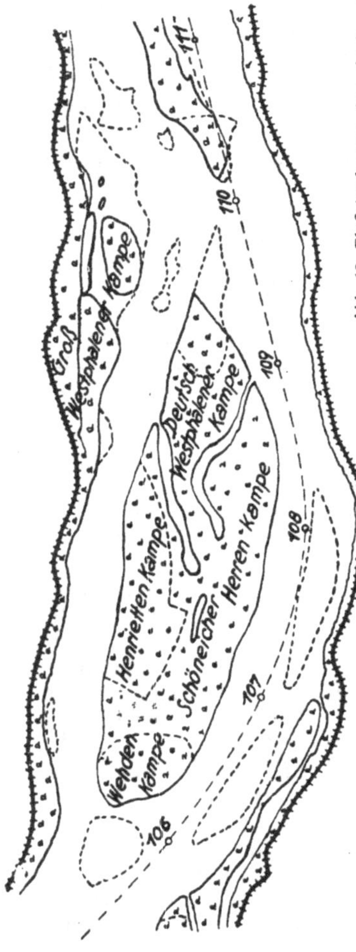

Abb. 13. Flußstrecke vor dem Ausbau.

geltes, gleichmäßiges Bett ausbilden, das mitunter durch langgestreckte Inseln in zwei Teile gespalten ist, sonst aber der Richtung des Tales folgt. Ist das Talgefälle zu groß, so findet eine Bettvertiefung statt, wodurch die Ufer starken Angriffen durch das strömende Wasser ausgesetzt sind. Dieser ist auf den hohlen Ufern besonders groß. Infolgedessen verschärfen sich die Windungen immer mehr, bis durch die ausreichende Verlängerung des Laufes der Gleichgewichtszustand erreicht ist. Der Fluß durchquert dann in großen Windungen die ganze Talbreite. Wenn endlich das allgemeine Talgefälle zu klein ist, so lädt der Fluß sein Geschiebe, das er nicht weiterführen kann, im Bett ab, das dadurch eine Sohlenerhöhung erfährt und an Breite zunimmt. Bei geringer Wasserführung folgt dann der Fluß den tiefsten Rinnen, wobei er sich in ein ganzes Netz verschlungener Arme spaltet.

Diese von Natur aus bestehenden Entwicklungstendenzen bedeuten eine ständige Gefahrenlage für das mehr oder weniger dicht besiedelte Flußtal, das somit häufig Uferabbrüchen, Hochwasserkatastrophen und Bettverlagerungen ausgesetzt ist. Der moderne Flußbau hat sich daher in dem Maße entwickelt, als es mit Zunahme der Bevölkerung galt, die durch den Urzustand des Stromes bedingte Gefahrenlage zu beseitigen bzw. zu vermindern.

Eine Anschauung von dem Charakter einer Flußstrecke vor ihrem Ausbau vermittelt Abb. 13, nach ihrem Ausbau Abb. 14.

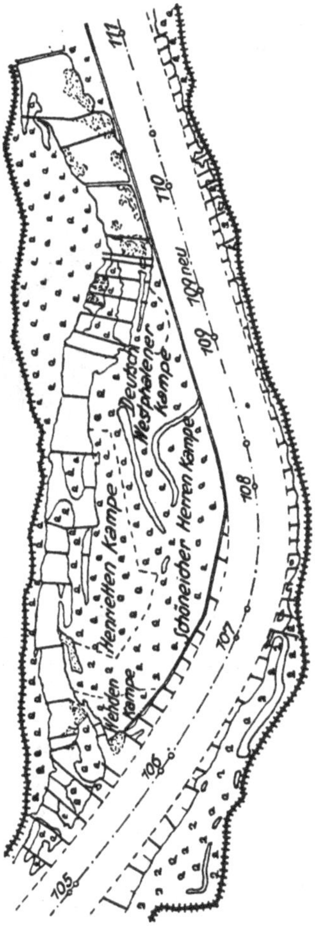

Abb. 14. Flußstrecke nach dem Ausbau.

§ 13. Angriffskräfte des fließenden Wassers.

Die Vorgänge, unter denen das in einem Fluß strömende Wasser die Sohle und Wandungen des Bettes angreift, sind sehr verwickelter Natur. Es ist daher unmöglich, sie rein rechnerisch zu erfassen. Selbst die nach dieser Richtung in den letzten Jahrzehnten zahlreich durchgeführten Modellversuche von *Engels, Krey, Winkel* u. a. haben nur für ganz bestimmte Verhältnisse eine Aufklärung gebracht.

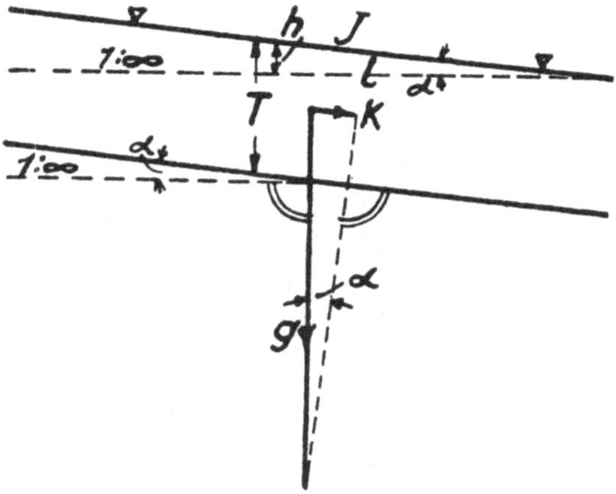

Abb. 15. Antriebskraft des fließenden Wassers.

Die Antriebskraft K — oder die beschleunigte Seitenkraft der Schwere — die auf einen Wasserkörper von 1 m² Grundfläche bei einer Wassertiefe von t m einwirkt, der auf einer unter der Neigung $\text{tg}\,\alpha = \frac{h}{l} = J$ liegenden Ebene abwärts gleitet, ergibt sich nach Abb. 15 zu

$K = \gamma \cdot t \cdot J$ kg/m², da wegen der Kleinheit des Winkels $\sin\alpha = \text{tg}\,\alpha$ gesetzt werden kann.

Bei $\gamma = 1000$ kg/m³ wird

$$K = 1000 \cdot t \cdot J \text{ kg/m}^2.$$

Diese Beziehung wird als Schleppkraftgesetz bezeichnet. Die der Antriebskraft K entgegen wirkende

Kraft ist in erster Linie die gleitende Reibung der bewegten Wassermassen an der benetzten Bettwandung. Hinzu kommen Ablösungswalzen, die sich hinter Unregelmäßigkeiten der Sohle bilden und einen gewissen Teil der Strömungsenergie des Flusses in andere Energieformen umwandeln, außerdem Geschiebebewegungen. *Engels* hat nachgewiesen, daß der Reibungswiderstand proportional dem Quadrat der Entfernung von der Sohle abnimmt, annähernd proportional dem Quadrat der mittleren Geschwindigkeit ist, und daß sich die Sohlenreibung mit der Zunahme der Dichtigkeit der Bettwandung verringert, somit von der Art der Lagerung des Geschiebes abhängig ist.

Der Gesamtwiderstand W ist für den Fall gleichförmiger Bewegung von der Größe v m/sec der Geschwindigkeits- oder Druckhöhe $h = \frac{v^2}{2g}$ und dem benetzten Umfang U auf der Strecke l direkt, der Querschnittsfläche F aber umgekehrt proportional. Er ist ferner von dem Rauhigkeitsgrad der Bettwandung abhängig, der durch einen Beiwert k berücksichtigt wird. Das führt zu der Beziehung:

$$W = h = \frac{v^2}{2g} \cdot U \cdot l \, \frac{1}{F} \, k,$$

$$v = \sqrt{\frac{2g}{k}} \cdot \sqrt{\frac{F \cdot h}{U \cdot l}}.$$

Das Verhältnis $\frac{F}{U}$ ergibt den **Profilradius** R.

Damit wird

$$v = \sqrt{\frac{2g}{k}} \cdot \sqrt{R \cdot J} = c \sqrt{R \cdot J}.$$

Man erhält so die *Brahms-Chézy'sche* Formel. Der Koeffizient c kann nach den Orts- und Abflußverhältnissen sehr verschieden groß sein. *Eytelwein* hat ihn als erster für eine Flußstrecke zu 50,9 ermittelt. Das sicherste Mittel bei Einwurfsberechnungen besteht darin, ihn aus vorliegenden Meßergebnissen für die betreffende oder eine sehr ähnliche Strecke rückwärts zu berechnen.

Winkel hat für Näherungsberechnungen eine allgemeine Geschwindigkeitsformel für natürliche Wasserläufe, die keinen willkürlich zu wählenden Beiwert hat, in der Form

$v = R^{5/7} (185\ J^{4/7} - 210\ J^{4,5/7})$ entwickelt.

Diese Festlegungen gelten nur für den Fall, daß der S t r o m s t r i c h als die Linie der größten Fließgeschwindigkeiten nahezu parallel zu den Uferlinien verläuft. In F l u ß k r ü m m u n g e n dagegen ist die Schleppgeschwindigkeit außerdem abhängig von der Fliehkraft, der die Wasserteilchen unterworfen sind.

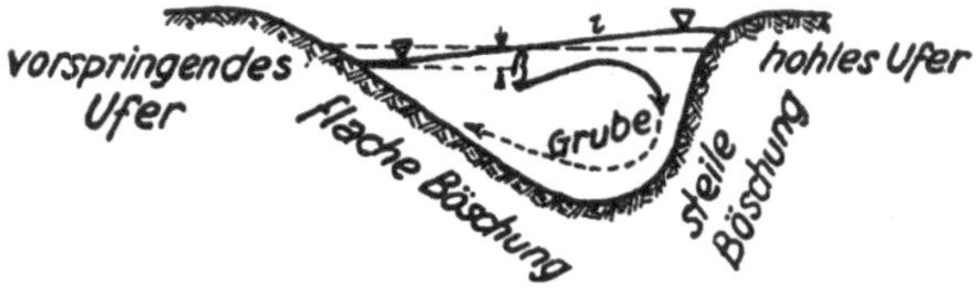

Abb. 16. Wasserspiegellage in einer Flußkrümmung.

Der Wasserspiegel nimmt hier durch die Aenderung in der Fließrichtung des Stromes eine schräge Lage ein, die von der Fließgeschwindigkeit abhängig ist. Auf der Außenseite der Krümmungen, wo die größte Geschwindigkeit herrscht, findet eine Aufstauung, auf der Innenseite eine Absenkung statt (Abb. 16). Das Maß des Quergefälles tg $\beta = i$ ergibt sich aus der Beziehung

$$i = \frac{v^2}{r \cdot g},$$

wobei r der Radius der Krümmung ist.

Das außen schneller fließende Wasser erleidet infolge der schrägen Wasserspiegellage in der Krümmung eine

Ablenkung schräg abwärts auf die Sohle zu, wobei der verstärkte Angriff auf diese zu Austiefungen des Flußbettes führt die man als Kolkbildung bezeichnet. Das dabei abgespülte Material wird quer zum Stromstrich über der Sohle zum ausbuchtenden Ufer weiter bewegt, wo es hinter der stärksten Krümmung, gleichsam im Strömungsschatten, zur Ablagerung kommt. Es entspricht daher jedem Kolk eine Kiesbank, auch Paß oder Furt genannt. Diese Vorgänge offenbaren sich in ihrer Gesamterscheinung als eine schraubenförmige Strömung in der Flußkrümmung.

Die Verbindungslinie der tiefsten Punkte der einzelnen Querschnitte eines Stromes bezeichnet man als Talweg.

§ 14. Ziele der Flußregelung.

Das allgemeine Ziel jeder Flußregelung besteht darin, dem Strom ein einheitliches Bett zu schaffen und dieses weitgehendst so festzulegen, daß es gegenüber seiner von Natur aus auf Zerstörung gerichteten Tendenz standhält. Die Maßnahmen zur Schaffung und Sicherung eines geschlossenen Flußbettes bezeichnet man als Flußkorrektionen, Flußregulierungen oder auch Flußregelungen. Sie können, je nach dem besonderen Ziel, dem sie dienen, unterschieden werden in Mittelwasserregulierung, Hochwasserregulierung und Niedrigwasserregulierung. Es ist jedoch im Einzelfall nicht immer eine scharfe Trennung, namentlich zwischen dem Ausbau auf Mittel- und Niedrigwaser, möglich.

Die Mittelwasserregulierung verfolgt die Absicht, die Abflußmengen des Flusses bis zur mittleren Höhe hinauf in einem einheitlichen Strombett zusammenzufassen. Sie fördert nicht nur die Schiffahrt, sondern auch den Uferschutz, schafft in den Anlandungen wertvolles Gelände und hilft vor allen Dingen die großen Gefahren beseitigen, die durch Eisverstopfungen entstehen können. Die hierfür notwendigen Erdarbeiten sind Beseitigung von Stromspaltungen, Abflachung zu starker Krümmungen, Herstellung von Durchstichen, Ausgleichung der Gefälle und Ausbau eines hinreichend großen Durchflußquerschnittes. Dieser ergibt sich teils aus hydraulischen Berechnungen, teils aus Versuchen, die am Fluß selbst oder im Laboratorium durchgeführt werden.

Die Hochwasserregulierung geschieht in der Regel zugunsten der Landwirtschaft und zum Schutze der im Talbereich liegenden Siedlungen. Die Mittel der Hochwasserregulierung sind bauliche und polizeiliche Maßnahmen. Die baulichen Maßnahmen bestehen aus Freilegung von Engstellen durch Abgrabung, seitliche Begrenzung des Hochwasserquerschnittes durch Anlage von Deichen, sowie Schaffung von Entlastungsanlagen in Gestalt von Staubecken oder Naßpoldern, welche die Hochwasserspitzen zurückhalten. Die polizeilichen Maßnahmen umfassen besondere Auflagen, die bei der Benutzung des für den Hochwasserabfluß vorgesehenen Talraumes geltend gemacht werden. Hierher gehören das Verbot von abflußhindernden Einbauten oder anderen Veränderungen an der Erdoberfläche im Bereich des Hochwasserabflußgebietes, die eine Verwilderung des Strombettes verursachen können.

Die Niedrigwasserregulierung bezweckt in erster Linie die Förderung der Schiffahrt. Sie schließt im Zeichen intensiver Wasserwirtschaft auch die Ausnutzungsmöglichkeiten eines Stromes für die Aufgaben der landwirtschaftlichen Ent- und Bewässerung, der Abwässerabführung und der Wasserversorgung ein und wird daher auch als Feinregulierung bezeichnet. Die wesentlichste Aufgabe bei dem Ausbau auf Niedrigwasser ist jedoch, der Schiffahrt eine Fahrrinne von möglichst großer Tiefe und ausreichender Breite zu geben. Dieses Ziel wird in der Regel durch die Angabe der Tiefe des Fahrwassers gekennzeichnet, die bei Niedrigwasser noch vorhanden sein soll.

Der an einem Pegel beobachtete Wasserstand gibt zwar das unmittelbare Maß für die Wasserführung des Flusses.

Man hat daher früher das Regulierungsziel allgemein auf einen Niedrigwasserstand bezogen. Dieses Maß ist aber häufig unzuverlässig, weil der Wasserstand stark von der Veränderlichkeit des Flußbettes abhängt. Die Abflußmenge hingegen wird nur durch den Witterungswechsel bestimmt; sie bildet daher einen erheblich besseren Vergleichsmaßstab. Man ist daher in neuerer Zeit dazu übergegangen, die Niedrigwasserregulierung auf die Wasserführung zu beziehen.

Man kann hierbei die kleinste bekannte Abflußmenge dem Regulierungsziel zugrunde legen und hierfür ausreichende Fahrwasserverhältnisse schaffen. Dies ist jedoch meistens nur mit großen Schwierigkeiten möglich. Es wird daher besser eine Wasserführung als maßgebend angenommen, die im Durchschnittsjahr eines mehrjährigen Zeitraumes an einer bestimmten, nicht zu groß gewählten Anzahl von Tagen unterschritten wird. Dabei werden die Tage der Frostsperre nicht mitgezählt.

Eine dritte Festlegung des Regulierungszieles geschieht unter dem Gesichtspunkt der Tauchtiefe von Schiffen. Wenn es irgend geht, wird man bestrebt sein, eine solche Ausbautiefe zu erreichen, daß stets mit voll beladenen Fahrzeugen verkehrt werden kann. Dies wird jedoch im allgemeinen nur auf den größten Strömen bei natürlicher Niedrigwasserführung möglich sein, wie z. B. am Rhein. Normalerweise wird man sich begnügen müssen, die gewünschte Fahrtiefe so festzusetzen,. daß die Schiffahrt, wenn auch nicht mit voller Ladefähigkeit, so doch mit einer solchen Abladung verkehren kann, daß ihr Betrieb noch wirtschaftlich ist.

Es versteht sich von selbst, daß neben der erforderlichen Tiefe der Regulierungsquerschnitt auch in genügender Breite vorhanden sein muß. Diese hat auf alle Fälle so groß zu sein, daß sich zwei Schiffe gefahrlos begegnen können. Dazu ist ein größeres Maß als auf einem Kanal erforderlich, weil die Sohle eines Flusses im allgemeinen eine recht unregelmäßige Begrenzung darstellt.

Die heute in Deutschland üblichen Methoden für die Regelung der schiffbaren Flüsse sind ein Ergebnis der Erfahrungen, die in den letzten zwei Jahrhunderten an unseren Strömen gemacht worden sind. Man spricht hierbei im Blick auf die zerstörenden Wirkungen der Gewässer von Sicherungswasserwirtschaft und im Blick auf ihren Ausbau für die Schiffahrt von Verkehrswasserwirtschaft. Beide Systeme stehen naturgemäß in engstem Zusammenhang, ohne sich jedoch miteinander zu decken.

V. Gewässerkundliche Vorarbeiten.

§ 15. Stromkarten.

Das Entwerfen von Flußregelungen setzt die Anfertigung von Lageplänen in Form von Stromkarten voraus, welche die vorhandenen Verhältnisse genau darstellen, so daß sich aus ihnen die Ursache der Verwilderung und die Mittel zu ihrer Beseitigung sicher beurteilen lassen. Eine gute Uebersicht geben die Meßtischblätter der Landesaufnahme im Maßstab 1 : 25 000. Für Streckenkarten ist bei größeren Strömen der Maßstab 1 : 10 000, bei kleineren Wasserläufen der Maßstab 1 : 5000 oder 1 : 2500 zweckmäßig. Der wichtigste Gegenstand der Darstellung ist stets der Strom selbst. Da sich seine Uferlinien mit den Wasserständen ändern, ergibt sich die Notwendigkeit, das auf der Karte dargestellte Bild auf einen bestimmten und besonders kenntlich gemachten Wasserstand zu beziehen. Die Strömungsrichtung wird durch einen Pfeil gekennzeichnet. Alle in den Fluß eingebauten und über ihn führenden Kunstbauten wie Wehre und Brücken müssen eingetragen sein.

Die Höhenverhältnisse des Flusses werden in einem Längenprofil dargestellt. Dieses enthält den Verlauf der Flußsohle und des Niedrigwassers, nötigenfalls auch des Mittelwassers, auf jeden Fall aber die Spiegellinie des größten Hochwassers. Die beiderseitigen Ufer werden hierbei im allgemeinen in der Weise eingezeichnet, daß das rechtseitige Ufer durch eine ausgezogene, das linksseitige durch eine gestrichelte Linie dargestellt wird. Kunstbauten sind ebenfalls in das Längenprofil aufzunehmen, wobei die Angabe der Unterkanten der den Wasserlauf kreuzenden Brücken besonders wichtig ist (Abb. 17). Die Auf-

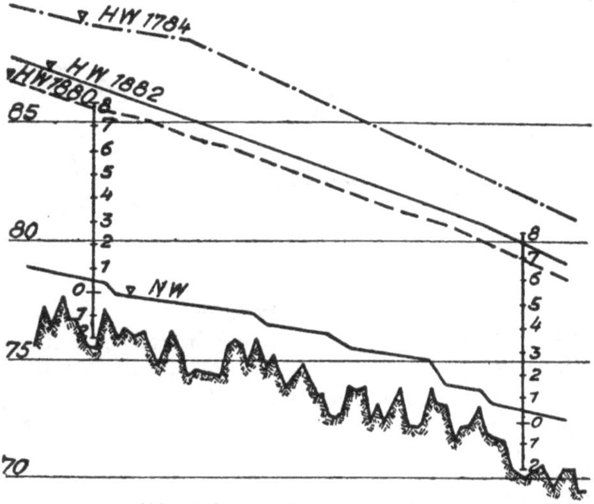

Abb. 17. Längenschnitt eines Flusses.

nahme der Wasserstände für das Längenprofil erfolgt durch Spiegelnivellements. Ihr Umfang und ihre Genauigkeit richtet sich nach den möglichen Aenderungen, welche der Wasserspiegel durch die beabsichtigten Bauausführungen erfahren kann.

Die dritte Gruppe geometrischer Arbeiten zur Durchführung einer Flußregulierung umfaßt die Aufnahme von Q u e r p r o f i l e n. Sie sind quer zum Stromstrich gerichtete Einmessungen von Flußsohle und Ufer, in welche ein Wasserspiegel mit Höhenangabe eingetragen wird. Den Abstand der Querprofile bestimmt der Grad der Genauigkeit des gewünschten Flußbildes. Hierbei wird vielfach die Schnittebene um die Wasserspiegellinie in die Ebene des Papiers zurückgeschlagen gedacht, so daß sich unter Auftragung der Tiefen nach einem größeren Maßstab als der Längen eine Darstellung gemäß Abb. 18 ergibt.

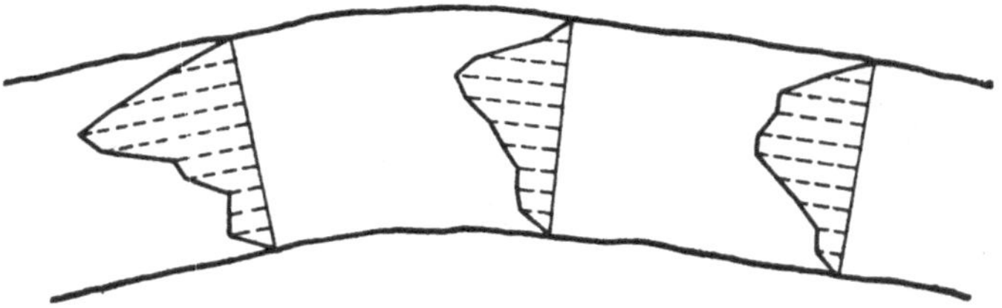

Abb. 18. Querprofile eines Flusses.

§ 16. Peilungen.

Die Aufzeichnung eines Flußquerschnittes setzt die Feststellung seiner Tiefen durch Peilungen voraus.

Kleinere Tiefen werden mit Hilfe einer Stange „gepeilt“. Diese Peilstange ist in Zehntelmeter geteilt, welche durch rote oder schwarze Ringe auf der rundgehobelten und mit weißer Oelfarbe gestrichenen Latte dargestellt sind. An beiden Enden hat die Peilstange zum Schutze gegen Abnutzung eine Blechkappe; außerdem soll das untere Ende stets mit einer Scheibe versehen sein, um das Eindringen der Peilstange in weichen Boden zu verhindern.

Größere Tiefen werden mit dem Peillot bestimmt, das aus einem kegelförmigen Eisen- oder Bleigewicht und einer mit eingebundenem Lappen oder Lederstreifen eingeteilten Leine besteht. Messungen von großen Tiefen erfolgen von verankerten Fahrzeugen mittels besonderer Geräte (Echolot).

Peilungen werden je nach Erfordernis in Abständen von 2 bis 5 Metern ausgeführt. Bei Flüssen von mäßiger Breite dient zur Ausführung der Peilung eine Peilleine. Sie besteht aus einem Hanf- oder Drahtseil, das in Entfernung von je 5 Metern mit einer Marke versehen ist. Die Peilleine wird zunächst auf einem Ufer befestigt, dann unter Abwicklung von einer Windetrommel über den Strom nach dem anderen Ufer geführt und von dort mit der Windetrommel angespannt. Bei größeren Breiten ist es hierbei erforderlich, das starke Durchhängen des Draht-

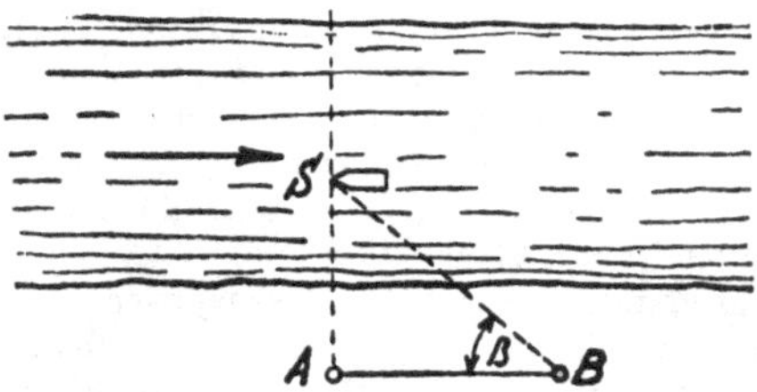

Abb. 19. Peilung mittels Winkelmessung.

seiles durch Schaffung von Stützpunkten, wozu kleine Kähne, sog. Buchtboote, dienen, weitgehend herabzusetzen. Ist die Anwendung eines Drahtseiles wegen zu großer Breite des Stromes nicht möglich, so wird ein Winkelmeßinstrument benutzt. Die jeweilige Peilungsstellung wird dann so erhalten, daß man von einem Punkte B aus den Winkel A B S = β mißt und die Entfernung A S errechnet (Abb. 19).

Das Abtasten einer Flußsohle nach Erhebungen im Fahrwasser erfolgt durch Peilrahmen. Man versteht darunter einen versenkbaren 5 bis 10 m breiten eisernen Rahmen, der ins Wasser herabgelassen und langsam über die zu sondierende Fläche bewegt wird. Als Träger des Peilrahmens dient meistens ein Bockgerüst, das auf einem von zwei Pontons getragenen Deck ruht.

Die Ausführung von Längspeilungen erfolgt häufig durch selbstschreibende Peilgeräte, unter denen das von Stecher am bekanntesten ist.

Jedes Querprofil muß gegen eine am Flußufer entlanggeführte Stationierung festgelegt werden. Die meisten deutschen Flüsse weisen zu diesem Zweck auf beiden Ufern genau vermessene Polygonzüge auf.

§ 17. Wasserstandsbeobachtungen.

Die Wasserführung eines Flusses ist nicht gleichmäßig, sondern mehr oder weniger großen Schwankungen unterworfen. Perioden lang anhaltender Trockenheit bedingen einen Kleinstwert, während lang andauernde, starke Regen den Eintritt von Hochwasser hervorrufen können. Die Kenntnis dieser Schwankungen in der Wasserführung eines Flusses ist von äußerster Wichtigkeit für die Beurteilung seines „Charakters".

Die Wasserstände eines Flusses werden an Pegeln beobachtet. Sie können in einfache und selbsttätige Pegel (Schwimmerpegel) unterschieden werden. Einfache Pegel sind hölzerne oder eiserne Meßlatten mit Zentimetereinteilung, die so aufgestellt sind, daß an ihnen die Höhenlage des Wasserspiegels leicht abzulesen ist. Der Lattenpegel wird meist an einem Pfahl oder an einer Ufermauer befestigt, wobei auf hinreichenden Schutz gegen Beschädigung durch Schiffe oder Eis geachtet werden muß. Er kann senkrecht oder schräg aufgestellt sein. Im letzteren Falle muß seine Teilung in verzerrtem Maßstabe entsprechend dem Böschungsverhältniss aufgetragen werden. Läßt sich ein Pegel nicht unmittelbar im Strom oder am Ufer aufstellen, so geschieht dies in einem seitwärts anzulegenden Brunnen, der durch einen Graben oder eine Rohrleitung mit dem Fluß verbunden ist. Bei dem selbsttätigen Pegel dient ein Hohlzylinder aus Zink oder Kupferblech als Schwimmer. Er trägt eine leichte Stange, die in einem Gehäuse lotrecht geführt wird. Diese gibt durch eine über eine Rolle laufende Kette oder

Schnur das Heben oder Senken des Schwimmers an den Zeiger eines Zifferblattes oder an eine durch ein Uhrwerk bewegte Walze weiter. Ein sehr gut entwickeltes Gerät dieser Art ist der selbsttätige Universalpegel von Seibt-Fueß.

Der Nullpunkt eines Pegels soll möglichst unter dem niedrigsten Wasserstande liegen, da sonst mit positiven und negativen Werten für die Höhenlage des Wasserspiegels gerechnet werden muß. Die Höhe des Pegel-Nullpunktes wird durch genau einnivellierte Festpunkte, die in seiner Nähe liegen und auf Normal-Null bezogen sind, festgelegt und in jedem Jahr auf seine richtige Lage kontrolliert.

Die Art des Ablesens der an einem Pegel auftretenden Wasserstandsschwankungen, ihre Aufschreibung und Prüfung ist durch amtliche Vorschriften geregelt.

Die nach den Pegelbeobachtungen gefertigten Zusammenstellungen über die Höhe der Wasserstände, die Pegellisten, ergeben im Laufe der Zeit für jeden Fluß bestimmte, kennzeichnende Werte:

HHW — höchstes Hochwasser —, bezeichnet den höchsten jemals am Pegel beobachteten Wasserstand,

HW — Hochwasser —, den höchsten Stand innerhalb eines bestimmten Zeitraumes, z. B. von 10 bis 30 Jahren,

NNW — niedrigstes Niedrigwasser —, den niedrigsten jemals am Pegel beobachteten Wasserstand,

NW — Niedrigwasser —, den niedrigsten Stand innerhalb eines bestimmten Zeitraumes,

MHW bzw. MNW — mittleres Hoch- bzw. mittleres Niedrigwasser —, das Mittel der Höchst- bzw. Niedrigststände einer bestimmten Jahresreihe.

Eine sehr wichtige Größe, die aus den Wasserstandsbeobachtungen abgeleitet werden kann, ist der Begriff des Mittelwassers oder der mittlere Wasserstand MW. Man erhält diesen Wert, indem man aus den Beobachtungen eines Jahres oder einer Reihe von Jahren die Summe der an den einzelnen Tagen am Pegel abgelesenen

Wasserstände bildet und diese durch die Zahl der in Betracht kommenden Tage teilt. Von größerer flußbaulicher Bedeutung als MW ist der gewöhnliche Wasserstand GW. Er ist derjenige Wasserstand, der im Laufe eines gewissen Zeitraumes ebenso oft nicht oder gerade erreicht wie er überschritten wird. Seine Bedeutung für die Frage der Schiffbarkeit eines Wasserlaufes dürfte ohne weiteres einleuchten. Zudem ist der Begriff des GW im Preußischen Wassergesetz eingeführt worden.

Einen Ueberblick über die Wasserstandsschwankungen an den größeren Strömen Norddeutschlands gibt Tabelle 1.

Tabelle 1.

	HHW	MHW	MW	GW	MNW	NNW
Rhein bei Köln . . .	952	620	259	250	78	6
Weser bei Hoya . . .	827	666	287	257	158	100
Elbe bei Wittenberge	644	441	198	185	60	—30
Oder bei Kienitz . .	509	401	236	230	120	60

Die Kenntnis, wie häufig gewisse Wasserstände überschritten oder unterschritten werden, wird gewonnen durch Auszählen nach den Wasserstandsbeobachtungen für kleinere Abschnitte der Pegelteilung. Man erhält so Häufigkeitszahlen oder die Häufigkeit der Wasserstände. Sie geben an, an wie vielen Tagen der Wasserstand eine bestimmte Grenze nicht erreicht hat. Diesen Zeitraum bezeichnet man als Unterschreitungsdauer. Umgekehrt spricht man von Ueberschreitungs-, Eintauch- oder Benetzungsdauer. Zeichnet man die Werte für die Eintauchdauer in passendem Maßstabe als Abszissen und die jeweils dazugehörenden Werte für die Wasserstandshöhen als Ordinaten auf, so erhält man durch Verbindung der Punkte als stetigen Linienzug die Wasserstandsdauerlinie (Abb. 20).

Die Abgrenzung der einzelnen Jahre in der Gewässerkunde stimmt nicht mit dem Kalenderjahr überein. Man rechnet innerhalb Deutschlands nach Abflußjahren, die vom 1. November des einen Kalenderjahres bis zum

31. Oktober des nächsten reichen. Das Winterhalbjahr umfaßt die Monate November bis einschließlich April, das Sommerhalbjahr die Monate Mai bis Oktober.

§ 18. Geschwindigkeitsmessungen.

Geschwindigkeitsmessungen in einem Flußlauf dienen zur Beobachtung der Gesetze, nach welchen sich das Wasser im Flußbett bewegt. Sie bilden ferner die Grundlage zur Ermittlung der Abflußmengen eines Stromes.

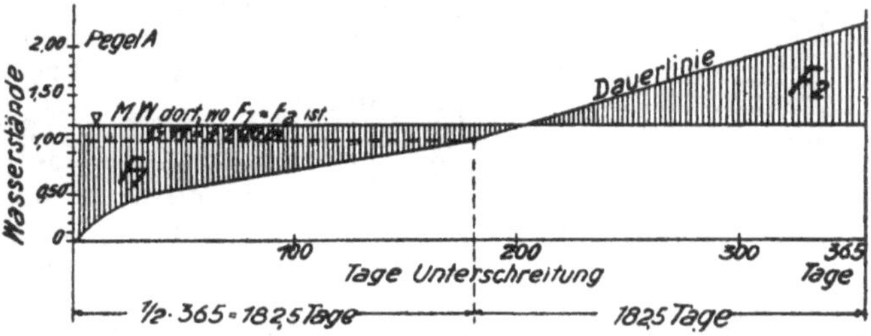

Abb. 20. Wasserstandsdauerlinie.

Die Geschwindigkeit des fließenden Wassers wird verschieden festgestellt, je nachdem ob die Oberflächengeschwindigkeit, die Geschwindigkeit in einer bestimmten Tiefe, die mittlere Geschwindigkeit und schließlich die Geschwindigkeit in einem beliebigen Punkt des Abflußquerschnittes benötigt wird.

Die Oberflächengeschwindigkeit wird am einfachsten durch Oberflächenschwimmer gemessen. Man benutzt dafür Hohlkugeln aus Messing- oder Kupferblech von 15 bis 30 cm Durchmesser, die einen kurzen Hals haben und so mit Wasser angefüllt sind, daß sie nur wenig über die Spiegelfläche hinausragen. Andere Oberflächenschwimmer sind Holzscheiben von 20 bis 30 cm Durchmesser und 5 bis 7 cm Stärke.

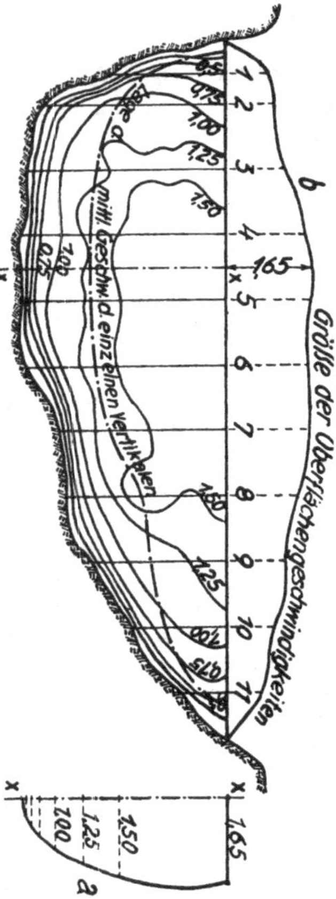

Abb. 21. Geschwindigkeitsverteilung in einem Flußquerschnitt.

Die Wassergeschwindigkeit in einer bestimmten Tiefe wird durch Tiefenschwimmer festgestellt. Hierzu dient eine zum Untertauchen beschwerte Kugel, die durch einen Faden mit einem an der Oberfläche treibenden kleineren Schwimmer verbunden ist, welcher somit die Schwimmgeschwindigkeit der Kugel angibt.

Die mittlere Geschwindigkeit wird durch einen Stabschwimmer (Cabeot'scher oder hydrometischer Stab) bestimmt. Er besteht aus einem zylindrischen Hohlkörper aus Blech, auch aus einem Prisma aus Gips oder trockenem Holz, welches so stark belastet ist, daß es bis nahe an die Sohle eintaucht, ohne diese jedoch während des Schwimmens zu berühren. Das austauchende Ende ist im fließenden Gewässer stromabwärts geneigt, weil das Wasser an der Oberfläche stets schneller fließt als an der Sohle.

Die Geschwindigkeitsermittlung für einen beliebigen Punkt eines Abflußquerschnittes geschieht unter Verwendung der Pitot'schen Röhre. Sie ist in einfachster Gestalt ein rechtwinklig gebogenes, an beiden Enden offenes Glasrohr. Das abgebogene Ende wird horizontal gegen die Wasserströmung gehalten, worauf sich im senkrechten Schenkel der Wasserspiegel auf eine Höhe einstellt, welche um einen gewissen Betrag über dem Flußwasserspiegel liegt. Aus der Höhe dieser Wassersäule läßt sich unter Benutzung von Koeffizienten, die durch Versuche gewonnen werden, die Geschwindigkeit des Wassers berechnen.

Der sicherste Apparat zur Messung der Wassergeschwindigkeit in beliebiger Tiefe und in einer beliebigen Lotrechten des Flußquerschnittes ist der Woltmann'sche Flügel. Er besteht aus einer Stange, auf welche ein metallener Propeller mit Steuer aufgeschraubt ist. Auf elektrischem Wege ist es möglich, die Zeit zu beobachten, innerhalb welcher der Flügel eine gewisse Anzahl von Umdrehungen macht. Seine Eichung geschieht in der Form, daß er mit verschiedenen Geschwindigkeiten durch ruhendes Wasser gezogen wird.

Alle Schwimmermessungen erfordern, daß die Zeit, welchen der Schwimmer von einem Querschnitt zum anderen zurücklegt, mit einer Stoppuhr genau bestimmt wird. Dabei ist auch die Lage der Flußquerschnitte von Bedeutung. Jede Geschwindigkeitsmessung muß möglichst auf einer geraden Stromstrecke erfolgen, weil nur hier eine gleichmäßige Abführung der Wasserfäden vor sich geht.

Die Durchführung der Geschwindigkeitsmessungen geschieht in kleinen Flüssen gewöhnlich von einem Kahn aus, bei größeren Strömen werden Cabeot'sche Stäbe, Pitot'sche Röhren oder Woltmann'sche Flügel meist von einem Fahrzeug eingesetzt, das aus zwei Kähnen besteht, die in einem Abstand von 2 bis 2,5 m zusammengekuppelt und durch Querschwellen und Dielung überdeckt sind.

Vielfach besitzen die Dienststellen der deutschen Wasserstraßenverwaltung auch eigens gebaute Meßschiffe.

Eine Anschauung davon, wie sich die Fließgeschwindigkeiten in einem Flußquerschnitt verteilen können, vermittelt Abb. 21. Die Kurve a nennt man Vertikal-, die Kurve b Horizontalgeschwindigkeitskurve.

§ 19. Ermittlung der Wassermengen.

Die Ermittlung der in einem Strom abfließenden Wassermenge geschieht in der Form, daß der Querschnitt des Flusses in eine größere Anzahl senkrechter Streifen zerlegt und für jeden von diesen durch möglichst viele Geschwindigkeitsmessungen die mittlere Geschwindigkeit errechnet wird. Der Flächeninhalt eines senkrechten Teiles multipliziert mit der mittleren Geschwindigkeit ergibt dann die auf diesen Teil entfallende Wassermenge. Alle Teile zusammen ergeben den Abfluß eines vollen Querschnittes. Bezeichnen wir mit f die Flächeninhalte der einzelnen Streifen und mit v_m die zugehörigen mittleren Geschwindigkeiten, so ist die im vollen Querschnitt fließende Wassermenge:

$$Q = \Sigma f \cdot v_m.$$

Eine weitere Möglichkeit der Ermittlung der Abflußmengen eines Flusses besteht in der Berechnung der mittleren Geschwindigkeit aus dem Spiegelgefälle. Bedeutet Q in m^3/sec die sekundlich abfließende Wassermenge und v in m/sec die mittlere Geschwindigkeit in dem Profil F (m^2), so ist:

$$Q = F \cdot v.$$

Die Geschwindigkeit v erhält man aus der Formel:

$$v = c\sqrt{R \cdot J}.$$

Hierin bedeutet $R = \frac{F}{U}$ den Profilradius, U den benetzten Umfang und J das Spiegelgefälle im Bereich des Querschnittes F. Den Koeffizienten c ergibt die Formel von Ganguillet-Kutter:

$$c = \frac{23 + \frac{1}{n} + \frac{0,00155}{J}}{1 + (23 + \frac{0,00155}{J}) \cdot \frac{n}{\sqrt{R}}}.$$

Der Wert n richtet sich nach der Rauhigkeit des Flußbettes; er kann für Bäche und Flüsse in geordnetem Zustande zu n = 0,025, für Gewässer mit groben Geschieben und Wasserpflanzen zu n = 0,030 — 0,035 angenommen werden.

Eine dritte, aber nur für rohe Ueberschlagsberechnungen anwendbare Methode besteht darin, den Abfluß eines Gewässers auf Grund von Beobachtungswerten aus der Größe seines Einzugs- oder Niederschlagsgebietes zu ermitteln. Das Einzugsgebiet ist hierbei diejenige Fläche, welche dem Flusse ihren Niederschlag zuführt. Die Begrenzungslinien der Einzugsgebiete sind die Wasserscheiden. Die Ergiebigkeit eines Flußgebietes wird in Sekundenlitern (sl) gemessen. Einen ungefähren Anhalt zur Schätzung von Abflußmengen bieten nachstehende Ergiebigkeitswerte in sl für 1 km² Einzugsgebiet:

Niedrigwasser im Flachlande mit Wäldern und Seen	1,2— 2,0
Mittelwasser im Sommer	3 — 5
Mittlere Hochwasser für Flußgebiete über 500 km² Größe:	
a) im Flachlande mit großen Ueberschwemmungsflächen	15— 40
b) in Hügellandschaft mit durchlässigem Boden	30— 80
c) in Hügellandschaft mit wenig durchlässigem Boden	60—150
d) im Berglande ohne kahles Felsengebiet	80—200

Kleinere Flüsse in Nord- und Mitteldeutschland weisen einen Abfluß von 27 sl je km² auf, sofern man Winterhochwässer und ungewöhnliche Sommerhochwässer außer acht läßt.

VI. Entwerfen von Flußregelungen.

§ 20. Allgemeine Gesichtspunkte.

Jede Flußregelung muß von dem Leitgedanken getragen sein, daß es die natürliche Aufgabe eines Flusses ist, dem Land als Vorfluter zu dienen. Es ist hierbei nicht möglich, von vornherein allgemein für alle Flüsse die für ihre Regelung in jedem Falle erforderlichen Maßnahmen anzugeben. Man kann vielmehr nur gewisse Richtlinien aufstellen.

Die bautechnischen Maßnahmen einer Flußregelung bestehen in der Anlage von Strombauwerken, welche den Fluß zwingen sollen, sein Normalbett selbst vermittels seiner Räumungskraft herzustellen und aufrechtzuerhalten. Ein Flußausbau beginnt aus diesem Grunde stets am unteren Ende der zu regelnden Strecke.

Die größten Schwierigkeiten, die bei Ausführung einer Flußregelung überwunden und dementsprechend schon beim Entwurf berücksichtigt werden müssen, sind nicht technischer und wirtschaftlicher Art. Sie ergeben sich aus Besitzrechten am Wasser und an den Ufergrundstücken. Diese erweitern sich zu schwierigsten Problemen, wo der Fluß die Grenze zweier Staaten bildet.

Jede Flußkorrektion hat zur Voraussetzung, daß die Natur des betreffenden Gewässers genau erforscht worden ist. Man kann die Schäden eines verwilderten Flusses nur dann bekämpfen, wenn man die Ursachen kennt. Gewaltsame Eingriffe in bestehende Verhältnisse sind nur ausnahmsweise richtig. Man soll im allgemeinen versuchen, sich den vorhandenen Gegebenheiten tunlichst anzupassen.

Auf Grund von örtlichen Untersuchungen an Strecken, wo der Fluß offenbar einen leidlich beständigen Gleichgewichtszustand erreicht hat, wird in Verbindung mit hydraulischen Ermittlungen an ausgebauten Probestrecken in natürlicher Größe sowie unter Zuhilfenahme von Versuchen im Flußbaulaboratorium ein Normalquerschnitt festgelegt, der dem Ausbau zugrunde liegen soll. Er ist als solcher symmetrisch, tritt aber in dieser Form in der Regel nur auf den sogenannten Uebergängen auf, das heißt an den Stellen, wo die tiefste Rinne im Fluß, der Talweg, von einem konkaven Ufer zum anderen konkaven Ufer hinüberwechselt und die Mitte des Flusses

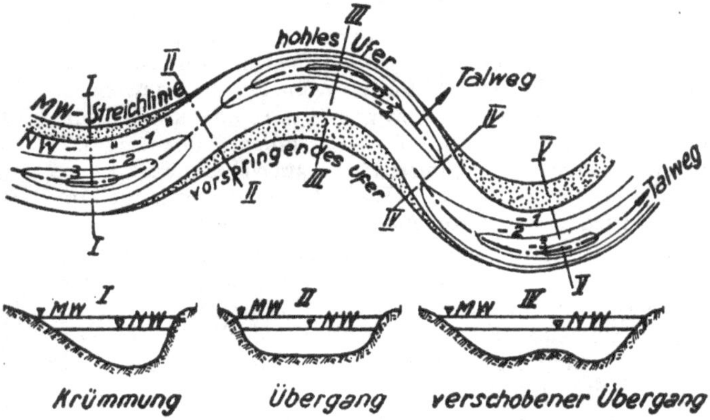

Abb. 22. Flußbett mit Krümmung und Gegenkrümmung.

schneidet. Von hier aus nimmt der Querschnitt zunehmend eine unsymmetrische Gestalt an, je mehr sich der Talweg dem konkaven Ufer der anderen Seite nähert, bis er an der Stelle der stärksten Krümmung auch die stärkste Unsymmetrie aufweist. Ein regelmäßig ausgebildetes, geschlängeltes und nicht gespaltenes Strombett weist daher auf den hohlen Seiten der Krümmungen die größten, auf den Uebergängen zwischen zwei Gegenkrümmungen die geringsten Tiefen auf (Abb. 22).

Die Normalquerschnitte werden — abgesehen von den Durchstichen — in der Regel nicht auf die ganze Länge der zu regulierenden Flußstrecke durchgeführt. Man beschränkt sich darauf, dem Gewässer durch geeignete Strombauwerke in gewissen Abständen eine bestimmte Führung zu geben, um es so zur allmählichen Ausbildung und Aufrechterhaltung eines Bettes zu veranlassen, das die gewünschte Form besitzt.

§ 21. Form und Abmessungen des Flußquerschnittes.

Das einer Flußregelung zugrunde zu legende Normalprofil ist der Querschnitt, welcher für die Erfüllung einer Reihe von Anforderungen am geeignetsten ist. Er muß in erster Linie groß genug sein, um die abzuführenden Wassermassen sicher aufzunehmen. Außerdem muß er eine solche Querschnittsfläche aufweisen, daß er die vom Fluß mitgeführten Geschiebe weiterzuführen imstande ist und keine Sohlenangriffe entstehen.

Die im Normalprofil vorhandene Wasserspiegelbreite wird als Regelungsbreite bezeichnet. Man unterscheidet dementsprechend Regelungsbreiten für Mittelwasser, Hochwasser und Niedrigwasser. Die Wahl der richtigen Regelungsbreite B ist entscheidend für den Erfolg einer Flußregelung.

Als Grundlage der Untersuchungen gilt auch hier wieder die Geschwindigkeitsformel $v = c \cdot \sqrt{R \cdot J}$. Hat man als Normalprofil einen einfachen Trapezquerschnitt gemäß Abb. 23, so ist mit

$$F = \frac{B + Bo}{2} \cdot t \text{ und}$$

$$R = \frac{B + Bo}{2B} \cdot t \text{ die Abflußmenge}$$

$$Q = F \cdot c \cdot \sqrt{R \cdot J}.$$

Die in der Praxis auftretende Aufgabe ist jedoch meist folgende: Das Gefälle J einer längeren Flußstrecke sowie die abfließende Wassermenge Q sind gegeben. Es ist der Einfluß der Veränderungen zu beurteilen und zu berechnen, der durch Einbauten bzw. Austiefungen entsteht.

Da J und Q sich nach der Voraussetzung nicht ändern, wird mit $R = \frac{F}{U}$ der Wert

$$c \sqrt{\frac{F^3}{U}} = \frac{Q}{\sqrt{J}}$$

zu einer unveränderlichen Größe, die nicht von der Querschnittsform, sondern nur von der Wassermenge abhängt, da auch c hinreichend genau als konstant angesehen werden kann.

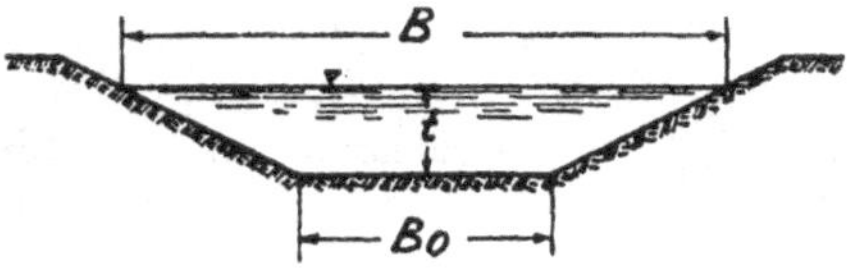

Abb. 23. Einfacher Trapezquerschnitt.

Jeder Einbau in das Flußbett hat eine Hebung, jede Austiefung oder Verbreiterung eine Senkung des Wasserspiegels zur Folge. Bezeichnet man nach Abb. 24 mit

F den ursprünglichen Querschnitt mit der Wasserspiegelbreite B,

$\triangle F_e$ die Fläche der Einbauten,

$\triangle F_a$ die Fläche der Austiefungen,

B_1 die Wasserspiegelbreite des neuen Querschnittes,

F_1 die unter der ursprünglichen Wasserlinie vorhandene Querschnittsfläche

und $\triangle z$ das Maß der Hebung in dem neuen Querschnitt, so ist die ganze Fläche des neuen Querschnittes annähernd $F_1 + B_1 \cdot \triangle z$ und $F_1 = F - \triangle F_e + \triangle F_a$.

Mit Rücksicht auf die große Breite eines Flußprofiles im Vergleich zur Tiefe kann der Umfang U gleich der Breite B gesetzt werden. Es ist dann

$$\frac{F^3}{B} = \frac{(F_1 + B_1 \triangle z)^3}{B_1}, \text{ woraus}$$

$$\triangle z = \frac{F \sqrt[3]{\frac{B_1}{B}} - F + \triangle F_e - \triangle F_a}{B_1}.$$

Ferner gilt wegen Gleichheit der Wassermengen

$$\frac{v_1}{v} = \frac{F}{F_1 + B_1 \triangle z}, \text{ woraus}$$

$$v_1 = v \sqrt[3]{\frac{B}{B_1}}.$$

Diese Formeln sind ausreichend, um den Einfluß der Veränderungen eines Flußbettes zu beurteilen und zu berechnen.

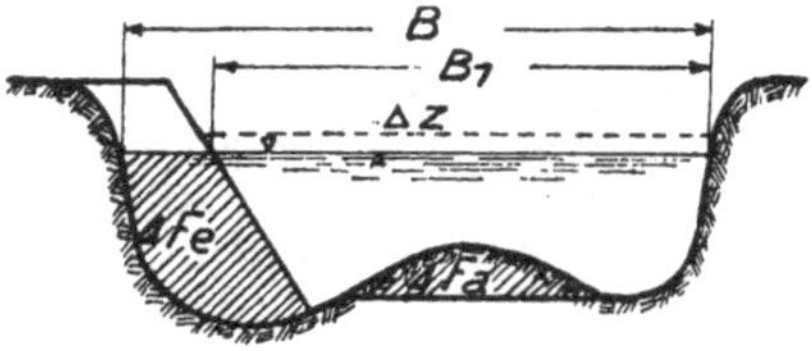

Abb. 24.

Der Querschnitt braucht hierbei nicht unbedingt Trapezform zu haben. So wird das Normalprofil des Mittelwasserbettes der Weser von einem Trapez gebildet, an das sich unten eine parabelförmig begrenzte Sohle anschließt.

Das erstrebenswerte Ziel, ein Flußbett so auszubauen, daß alle vorkommenden Wassermengen darin abfließen, ohne Sohle und Ufer anzugreifen und ohne daß sich Sinkstoffe absetzen, ist in Wirklichkeit nicht zu erreichen. Man wendet daher bei starken Wasserschwankungen ein

D o p p e l p r o f i l an, wie es Abb. 25 zeigt. Das Niedrig- und Mittelwasser wird in dem mittleren Gerinne allein abgeführt, während zur Hochwasserabführung noch die Vorlandstreifen zu beiden Seiten herangezogen werden.

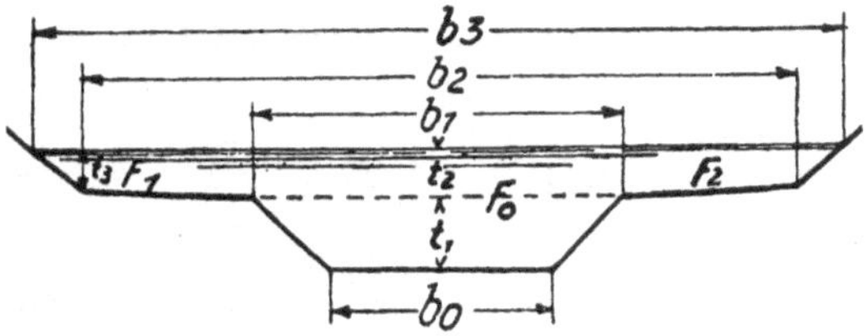

Abb. 25. Doppelquerschnitt für Mittel- und Hochwasser.

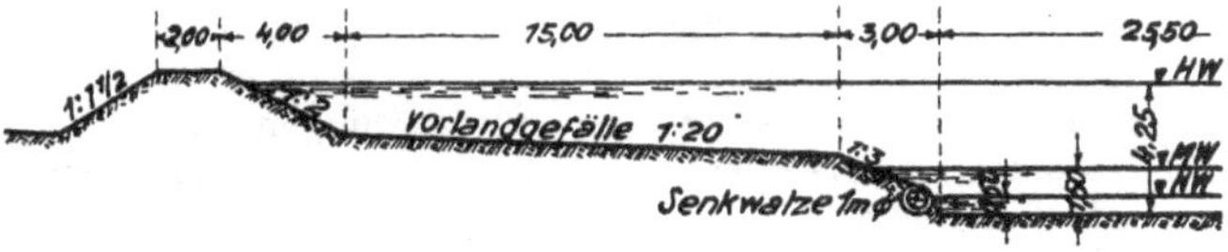

Abb. 26. Hochwasserdoppelprofil der oberen Donau.

Die Berechnung eines Doppelprofiles verlangt, daß die Wasserquerschnittsfläche in drei Teile, einen mittleren F_0 und zwei seitliche F_1 und F_2, die gewöhnlich gleich groß sind und symmetrisch zur Flußmitte liegen, unterteilt wird. Es ist dann unter Hinweis auf Abb. 25

$$F_0 = \frac{b_0 + b_1}{2} \cdot t_1 + b_1 \cdot t_2$$

$$R_0 = \frac{F_0}{b_1}$$

$$F_1 = F_2 = \frac{t_2 + t_3}{2} \cdot \frac{b_2 - b_1}{2} + \frac{b_3 - b_2}{4} \cdot t_3$$

$$R_1 = R_2 = \frac{2F_1}{b_3 - b_1} \text{ und die}$$

Gesamtwassermenge

$$Q = \sqrt{J}\,(F_0 \cdot c_0 \cdot \sqrt{R_0} + 2 \cdot F_1 \cdot c_1 \cdot \sqrt{R_1}).$$

Abb. 26 zeigt ein Doppelprofil für die obere Donau; die abzuführende Wassermenge beträgt hier 560 m³/sec.

§ 22. Linienführung des Gewässers.

Eine gute Linienführung ist die wichtigste Voraussetzung für das Gelingen einer Flußregelung.

Der vor etwa 100 Jahren noch leitende Gedanke, daß einem Fluß bei seiner Korrektion ein möglichst langgestreckter Lauf mit keinen oder sehr schwachen Krümmungen gegeben werden muß, gilt heute als überholt. Es hat sich gezeigt, daß eine übertriebene Begradigung dem Hochwasserabfluß nicht standhält. Jeder Strom braucht Krümmungen, die auch bei seiner Regelung im erforderlichen Maße zu erhalten sind. Hierfür werden die Uebergänge zwischen zwei Krümmungen, die stets die flachsten Stellen des Fahrwassers sind, in gewissen Grenzen festgelegt.

Umfangreiche Untersuchungen über die Ausbildung der Krümmungen eines regulierten Flusses sind von *Winkel* angestellt worden. Es wird dabei davon ausgegangen, daß zwischen Krümmungen und gerader Strecke Uebergangsbögen eingeschaltet werden, indem das Krümmungsmaß von $\frac{1}{r}$ allmählich und stetig auf Null oder wenigstens bis auf einen Wert nahe Null vermindert wird. Die Normalbreiten wechseln daher am besten nach Ab. 27.

Die zwischen zwei Krümmungen gelegenen Geraden sollen im allgemeinen nicht größer sein als 3 B, damit der Talweg einen solchen Verlauf erhält, daß verschobene oder falsche Uebergänge (s. Abb. 22) vermieden werden. Diese wirken besonders bei Eisaufbruch und bei der Eisabführung sehr nachteilig, da sich hier zwischen den beiden Enden der Kolke eine Geschiebebank quer über die Flußsohle zieht. Der normale Uebergang hingegen schafft immer die besten Verhältnisse für Vorflut, Schiffahrt und Eisabführung.

Leicht geschlängelte Flußstrecken sind verhältnismäßig einfach auszubauen, da die Richtung des festzulegenden Laufes in großen Zügen von der Natur bestimmt ist. Hier besteht die nächste Aufgabe darin, die abbrüchigen Ufer zu schützen und die größten Hindernisse aus dem Fahrwasser zu räumen. Dieser Maßnahme folgt die Beseitigung der Stromspaltungen durch Anschluß der Inseln an das eine Ufer. Zuletzt wird man die Breite des Strombettes, das auf diese Weise geschaffen worden ist, zur Vergrößerung der Wassertiefe durch Bauwerke einengen.

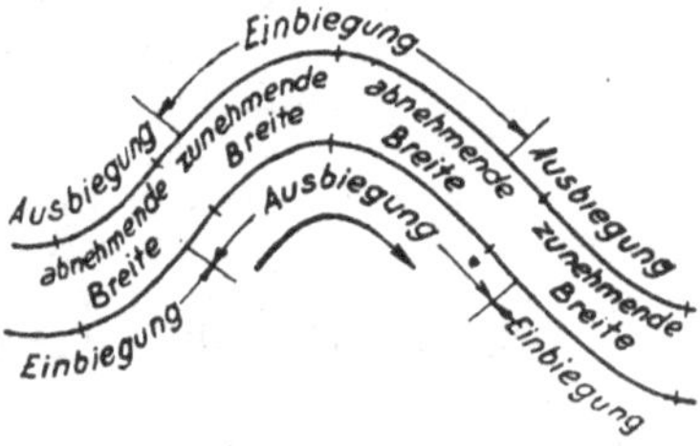

Abb. 27. Wechsel der Regelungsbreiten in Krümmungen.

In *scharf geschlängelten* Flußstrecken ist in der Regel ein einheitliches Bett vorhanden, jedoch bereitet die Regelung nach dem Längenschnitt manche Schwierigkeit. Der naheliegende Gedanke, den Strom durch Durchstiche zu begradigen, läßt sich nur beschränkt verwirklichen, da die große Gefahr besteht, daß das Flußbett infolge des dadurch entstehenden größeren Gefälles verwildert, obwohl solche Begradigungen schon vielfach zu Verbesserungen der Vorflut und zum Schutze menschlicher Siedlungen nutzbringend angewandt worden sind. Ein zu starkes Längsgefälle infolge Begradigung kann auch dazu führen, daß die Schiffahrt durch die größere Wassergeschwindigkeit und damit geringere Tiefe im gerade gestreckten Flußlauf mehr Schäden erfährt, als sie durch die Verkürzung des Weges gewinnt.

Die schwierigste Aufgabe liegt vor bei der Regelung stark zerfaserter Flußstrecken. Hier muß nicht nur ein einheitliches Flußbett neu geschaffen werden; die Zusammenfassung der einzelnen Stromarme führt auch zu einer erheblichen Vergrößerung der Räumungskraft, wodurch sich die Geschiebe nach der Regulierung wesentlich anders ablagern als vorher. Jedoch sind die Folgen eines solchen Ausbaues besonders segensreich. Er bringt Sicherheit, Gesundheit und Wohlstand für die Anlieger mit. Das großartigste Beispiel auf deutschem Boden ist in dieser Hinsicht der Ausbau des Rheins von Basel bis Oppenheim, der im Anfang des 19. Jahrhunderts nach den Anregungen des badischen Oberbaudirektors *Tulla* ausgeführt worden ist.

Das Geschiebe ist selbst bei einer fast unveränderlich erscheinenden Sohle nie in Ruhe; es rollt nur in regelmäßigen Bahnen. Hierbei wird die oberste Schicht am meisten bewegt, da die Strömung allmählich die feineren Bestandteile auswäscht. So bildet sich mit der Zeit auf dem Grunde ein Panzer aus den gröbsten Bestandteilen. Die dadurch bewirkte Erhöhung der Widerstandsfähigkeit der Sohle ist von um so größerer Bedeutung, je mehr durch die fortschreitende Festlegung der Ufer im Zusammenhang mit dem Ausbau der Nebenflüsse die natürliche Geschiebezufuhr zu dem Strom zurückgeht. In einem übermäßig gerade gestreckten Flußlauf bilden sich oft ausgedehnte Geschiebebänke, die abwechselnd an das rechte und an das linke Ufer angeschlossen sind und sich stromabwärts fortbewegen, ohne das Ufer zu wechseln. Diese wandernden Geschiebebänke sind in jeder Beziehung unerwünscht. Sie lassen sich durch einen geschlängelten Lauf beseitigen. Dies führt nötigenfalls dazu, daß man in ein zu gerades Mittelwasserbett ein hinlänglich gewundenes Niedrigwasserbett einschaltet.

Die Linienführung eines Flusses ist stets von dem Zweck der Regelung abhängig. Der Schiffahrt sind allzu starke Krümmungen unerwünscht, während die Geschiebeabfuhr durch ein gestrecktes, schmales und tiefes Bett gefördert wird. Breite Betten begünstigen Eisversetzungen. Es gilt also hier immer auszugleichen. Dies besonders mit Rücksicht auf ein Kostenminimum der Regulierungsarbeiten, da in allen Fällen die Flußregelung um so teurer wird, je mehr man sich von den bestehenden Uferlinien entfernt.

VII. Mittel des Ausbaues.

§ 23. Baustoffe und Bauelemente der Strombauwerke.

Die Strombauwerke werden in der Regel aus den Baustoffen hergestellt, die in der Nähe des Flusses leicht zu beschaffen sind. In gebirgigen Gegenden benutzt man vorwiegend Steine und groben Flußschotter, während im Flachland, wo die Steine sehr teuer werden können, Kies und Buschwerk vorherrschen. Man befestigt dann nur diejenigen Teile der Bauwerke, die dem Angriff des Stromes besonders ausgesetzt sind, mit Steinschüttung oder auch mit regelmäßigem Pflaster.

Die Bauweise der Strombauwerke ist an den verschiedenen deutschen Flüssen nicht gleich. In den letzten Jahrzehnten hat aus Wirtschaftlichkeitsgründen heraus der Steinbau zugenommen, da er dauerhafter ist und weniger Unterhaltungskosten erfordert als der Buschbau. Dazu kommt, daß die Weide im Abnehmen begriffen ist, weil die Anlandungen, auf denen sie gezogen wird, allmählich der landwirtschaftlichen Nutzung zufallen und neue Anlandungen nicht mehr entstehen, wenn der Ausbau des Flusses einen gewissen Grad erreicht hat. Das Strauchwerk ist aber nicht zu ersetzen bei der Herstellung von Sinkstücken und Senkfaschinen, den beiden wichtigsten Elementen der Strombauwerke.

Die Verwendung des Holzes erfolgt als Faschinen. Es sind dies Bündel von etwa 3 m langen Reisern der Weide, der Pappel und auch der Erle bei etwa 0,5 m Durchmesser. Ein Sinkstück ist eine rechteckige Tafel von mehreren übereinanderliegenden und sorgfältig miteinander verbundenen Lagen von Faschinen. Es wird je

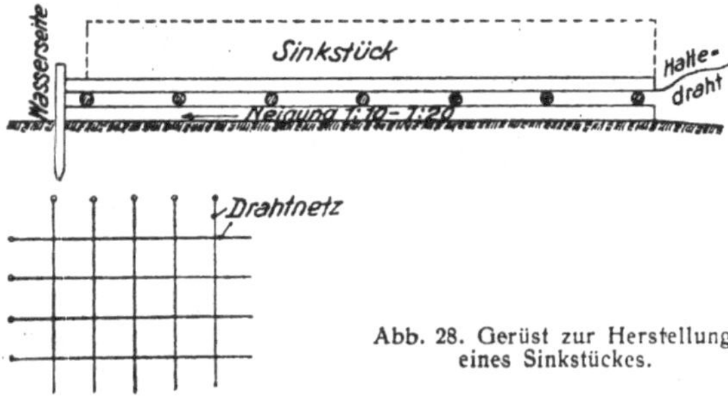

Abb. 28. Gerüst zur Herstellung eines Sinkstückes.

nach Bedarf in den Größen bis zu 20 × 30 m angefertigt, mittels Kähnen nach der Verwendungsstelle gebracht und dort durch Beschwerung mit Steinen versenkt. Sinkstücke bilden eine sehr gute Unterlage für Strombauwerke jeglicher Art, da sie trotz ihres Zusammenhaltens eine gewisse Nachgiebigkeit aufweisen. Das Gerüst zur Herstellung eines Sinkstückes zeigt Abb. 28.

Die Senkfaschine ist eine beliebig lange, mit Schotter oder Kies gefüllte Walze von 0,5 bis 1,0 m Durchmesser, welche in einer oder mehreren Reihen hintereinander oder übereinander verwandt wird. Ihre Herstellung geht auf der Faschinenbank vor sich (Abb. 29). Hierbei wird zuerst eine Strauchlage in die von Schwellen und Pfählen gebildete Mulde eingebracht und an den Seiten etwas hochgeführt. In die so entstandene Vertiefung füllt man Kies oder Schotter. Darauf wird abwechselnd die Reisigumhüllung erhöht und weiteres Beschwerungsmaterial nachgeschüttet. Schließlich erfolgt die obere

Ueberdeckung mit Buschholz, womit der Faschinenkörper geschlossen ist. Der Zusammenhalt des Ganzen geschieht durch Umbinden der Walze mit ausgeglühtem Eisendraht in Abständen von 50 bis 80 cm. Um dies zu ermöglichen, wird die „Wurst" jeweils an der Stelle, wo sie umbunden werden soll, mittels einer Kette, der sogenannten Würgekette, fest zusammengeschnürt.

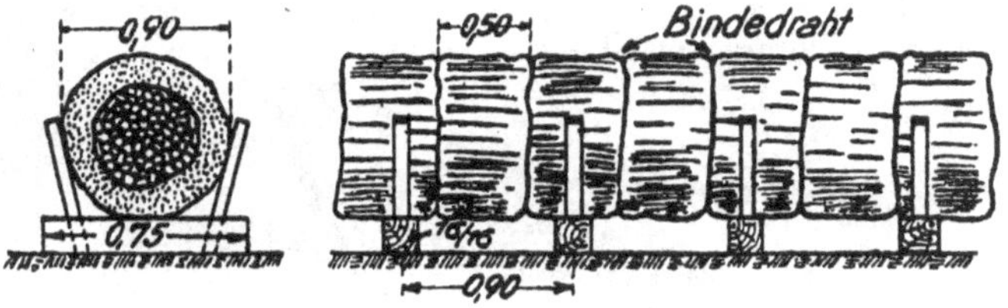

Abb. 29. Faschinenbank.

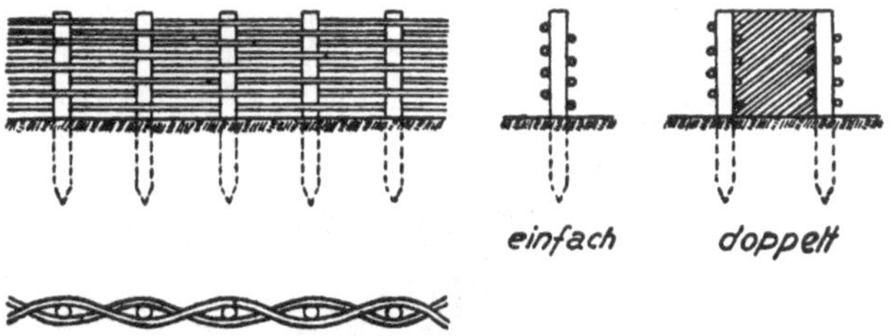

Abb. 30. Flechtzaun.

Die Strombauwerke können unterschieden werden nach Bauwerken zur seitlichen Begrenzung des Querschnittes und nach solchen zur Sicherung der Sohle. Der erstgenannten Aufgabe dienen Deckwerke, Buhnen und Parallelwerke, der zweiten die Grundschwellen.

Sinkwalzen sind Senkfaschinen von sehr großer Länge.

Ein weiteres Bauelement des Strombaues ist der aus Weidenruten hergestellte Flechtzaun (Abb. 30).

§ 24. Bauwerke zur seitlichen Begrenzung des Querschnittes.

a) Deckwerke.

Deckwerke dienen als Längsbauten dem unmittelbaren Schutz des Ufers gegen Abbrüche und Beschädigung durch Eisgang. Sie sind besonders da am Platze, wo der Fluß von Natur aus schon eine geringe Breite aufweist und der neue Normalquerschnitt mit der alten Fahrrinne zusammenfällt.

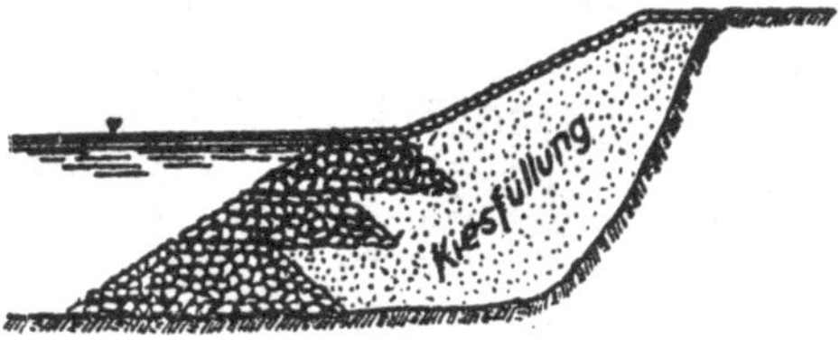

Abb. 31. Deckwerk mit Steinschüttung und Kieshinterfüllung.

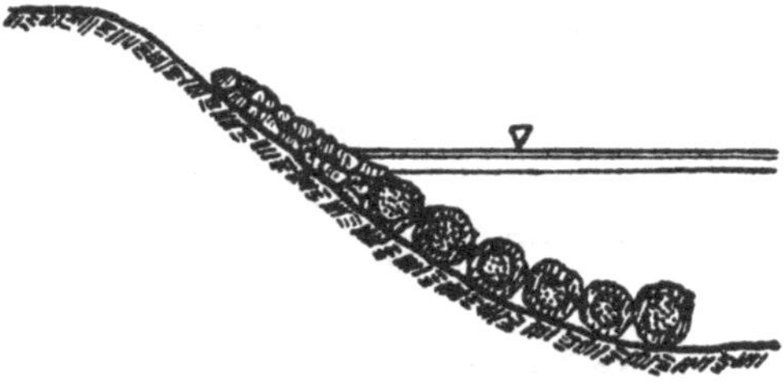

Abb. 32. Uferdeckung mit Senkfaschinen.

Die Ausbildung der Deckwerke ist je nach den örtlichen Verhältnissen sehr verschieden. Abb. 31 zeigt ein Deckwerk aus einer abgestuften Steinschüttung mit Kieshinterfüllung, Abb. 32 eine Uferdeckung mit Senkfaschinen, Abb. 33 ein Deckwerk an der Weichsel, dessen Fuß durch ein Sinkstück gegen Unterspülung geschützt wird.

Als Deckwerke besonderer Art, die nur ausnahmsweise zur Anwendung kommen, kann man hölzerne oder eiserne Spundwände, auch Ufermauern aus Beton bezeichnen. Einfache Deckwerke entstehen durch Herstellung einer Spreutlage. Man versteht darunter eine

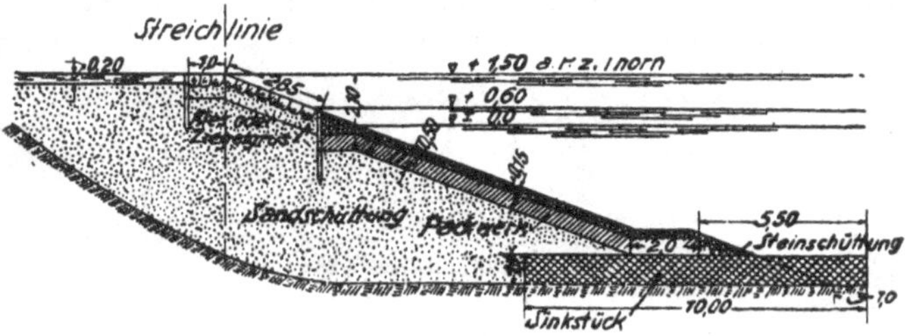

Abb. 33. Deckwerk an der Weichsel.

Reiserlage auf einer Uferböschung, bei der die Reiser in 5 bis 10 cm Stärke quer zur Stromrichtung verlegt werden. Die leichteste Art der Befestigung einer Uferböschung ist die durch Berasung. Sie wird auf den Flächen verwandt, welche dem Wasser seltener ausgesetzt sind, also auf Vorländern oder Deichböschungen. Ihre Herstellung geschieht durch Ansaat (Rasen, Lupinen) oder durch Auflegen von Rasenstücken.

b) Buhnen.

Buhnen sind Querbauten, die vom bestehenden Ufer ausgehend mehr oder weniger senkrecht zur Flußrichtung bis zur beabsichtigten Uferlinie, der sogenannten Streichlinie, vorspringen.

Man kann hinsichtlich der Richtung der Buhnen zum Stromstrich unterscheiden:

a) normal zum Stromstrich gerichtete Buhnen (Abb. 34a),
b) inklinante oder stromaufwärts gerichtete Buhnen Abb. 34b),
c) deklinante oder stromabwärts gerichtete Buhnen (Abb. 34c).

Unsere deutschen Flüsse weisen meistens inklinante Buhnen auf. Mit ihnen sind die größten Erfolge erzielt worden. Die deklinante Buhne hat den Nachteil, daß das über sie abstürzende Wasser auf das Ufer zugeleitet wird und dieses daher anzugreifen sucht. Inklinante Buhnen begünstigen, daß die Schiffe auf ihre Köpfe aufstoßen, während die deklinanten Buhnen abweisend wirken.

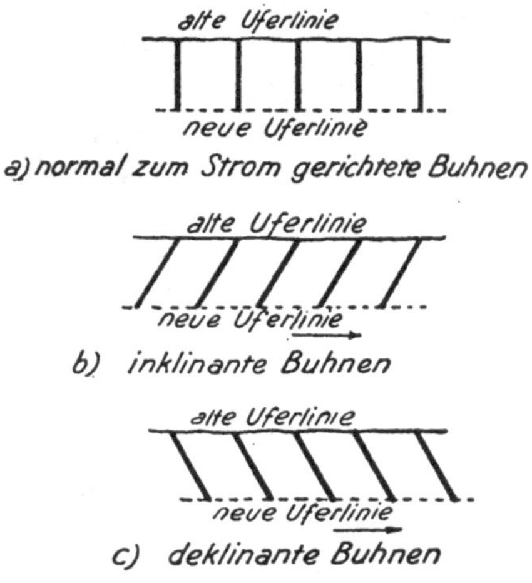

Abb. 34. Verschiedene Buhnenarten.

Der Länge nach unterscheidet man bei einer Buhne drei Teile: die in das feste Ufer einbindende Buhnenwurzel, den mittleren Teil der Buhne und den Buhnenkopf (Abb. 35). Die Krone oder der Rücken des eigentlichen Buhnenkörpers fällt vom Ufer aus nach dem Strom hin mit einer Neigung von 1 bis 2 %. Der Buhnenkopf soll nicht steiler sein als 1 : 5. Flachere Böschungen haben hierbei den Vorteil, daß der Angriff der Strömung mehr nach der Mitte des Stromes abgelenkt wird und daß infolgedessen nicht nur die Unterhaltungskosten geringer werden, sondern sich auch das Fahrwasser besser herausbildet als bei steilen Böschungen.

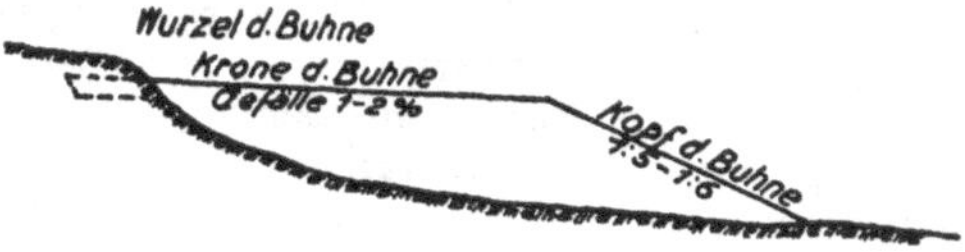

Abb. 35. Längenprofil einer Buhne.

Eine besondere Maßnahme ist die Anordnung einer Kopfschwelle. Man versteht darunter einen vor dem Buhnenkopf geschütteten Baukörper (Abb. 36), der etwa in Niedrigwasserhöhe beginnt und in flachen Böschungen auf der Stromsohle endet. Zweck der Kopfschwelle ist, die Querschnittsfläche weiter einzuschränken, um dadurch noch eine zusätzliche Vertiefung des Fahrwassers herbeizuführen.

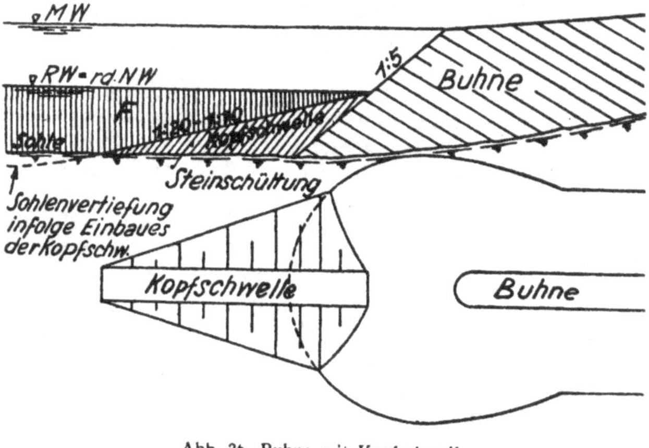

Abb. 36. Buhne mit Kopfschwelle.

Die Wirkung einer Buhne beruht darauf, daß das Wasser um einen Ablösungswinkel α, den W i n k e l zu etwa 6° ermittelt hat, nach dem Buhnenfeld abgezogen wird, wodurch sich in diesem eine Ablösungswalze bildet (Abb. 37). Der Raum zwischen den Buhnen und dem Ufer ist gewissermaßen eine Bremskammer im Fließvorgang des Stromes. Buhnenfelder verlanden daher auch nie vollständig, obwohl es manchmal verkehrterweise angestrebt wird. Buhnen werden meistens in Gruppen angelegt. Die E n t f e r n u n g der Buhnen ist von der Regelungsbreite und von der Buhnenlänge abhängig. Sie ist ferner am gleichen Fluß auch verschieden je nach den Krümmungs-

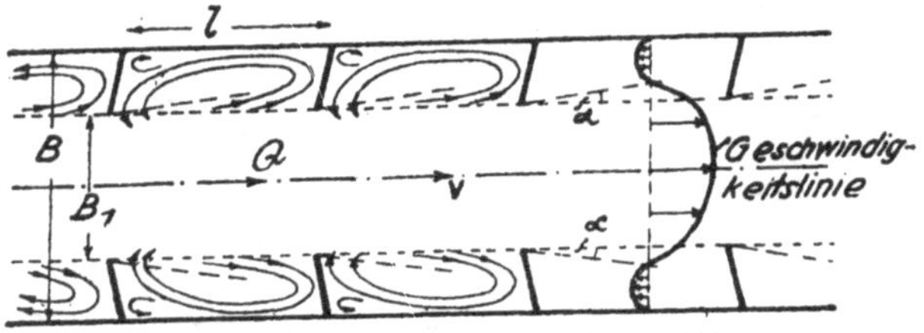

Abb. 37. Vorgänge in einem Buhnenfeld.

verhältnissen. Ein starken Wasserangriffen ausgesetztes hohles Ufer verlangt eine engere Lage der Buhnen als geradlinige oder vorspringende Ufer. Gewisse Grenzwerte des Buhnenabstandes sind ½ B bis ¾ B, wenn B die Regelungsbreite oder die Entfernung der Streichlinien ist.

Der große V o r t e i l der Buhnen liegt darin, daß mit ihnen die gewünschte Regelungsbreite allmählich gewonnen werden kann. Sie brauchen nicht von Anfang an auf voller Länge durchgebaut zu werden. Es genügt, bei Mangel an Geldmitteln zunächst nur jede zweite oder dritte Buhne herzustellen, und man kann ferner die Regelungsbreite eines Flusses noch ändern, wenn es sich zeigen sollte, daß diese von Anfang an nicht richtig angenommen worden ist.

Die Herstellung der Buhnen erfolgt aus Bruchsteinen, Kies und Buschwerk. Ueber Wasser wird die Buhne meistens abgepflastert; hierbei muß der Kopf besonders sorgfältig hergestellt werden, weil er den Angriffen der Strömung durch Eisgang am stärksten ausgesetzt ist.

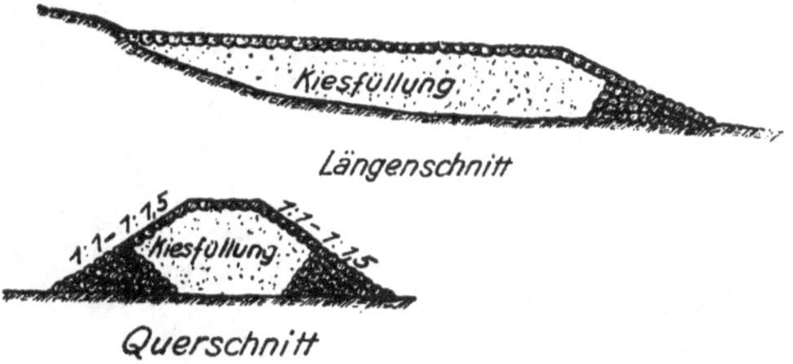

Abb. 38. Buhne aus Bruchsteinen mit Kiesfüllung.

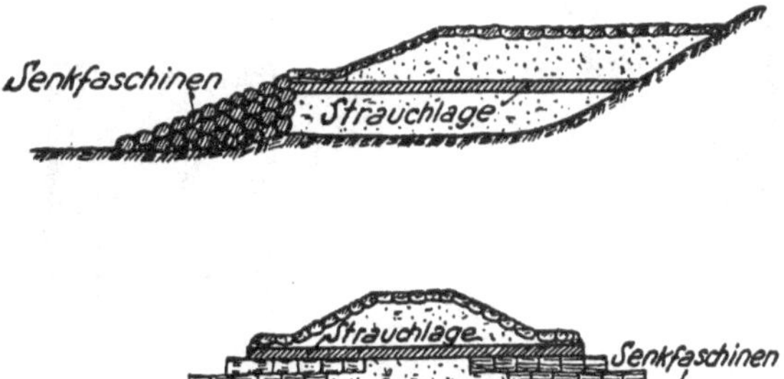

Abb. 39. Buhne aus Senkfaschinen.

Abb. 38 zeigt Längen- und Querschnitt einer Buhne aus Bruchsteinen mit Kiesfüllung, Abb. 39 die Herstellung einer Buhne unter Verwendung von Senkfaschinen und Abb. 40 den Längen- und Querschnitt einer Buhne bei Sicherung des Buhnenkopfes durch Sinkstücke.

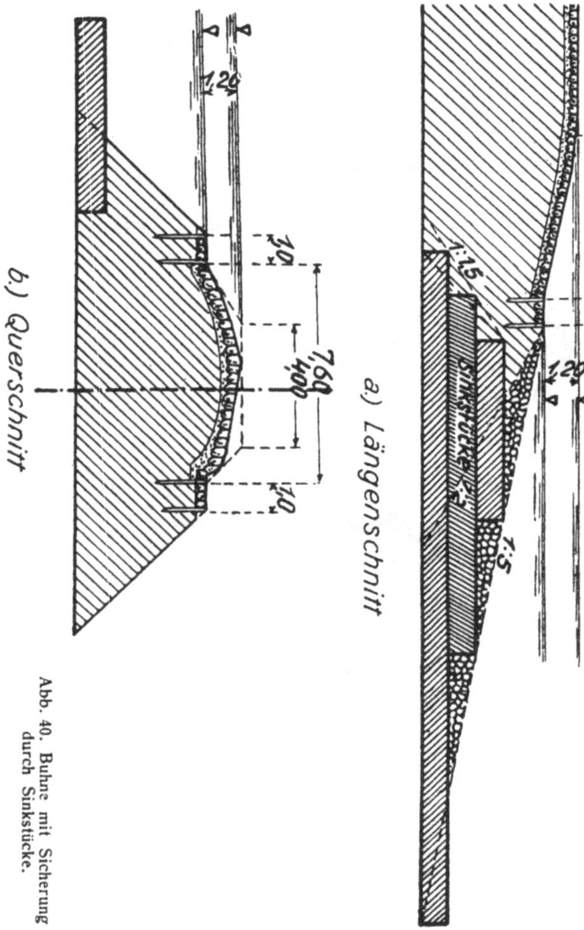

Abb. 40. Buhne mit Sicherung durch Sinkstücke.

c) Parallelwerke.

Parallelwerke, mitunter auch Leitwerke genannt, werden dort verwendet, wo die Streichlinie, also die seitliche Begrenzung des Stromes, in nicht zu weiter Entfernung vom Ufer verläuft, der Bau einer Buhne also

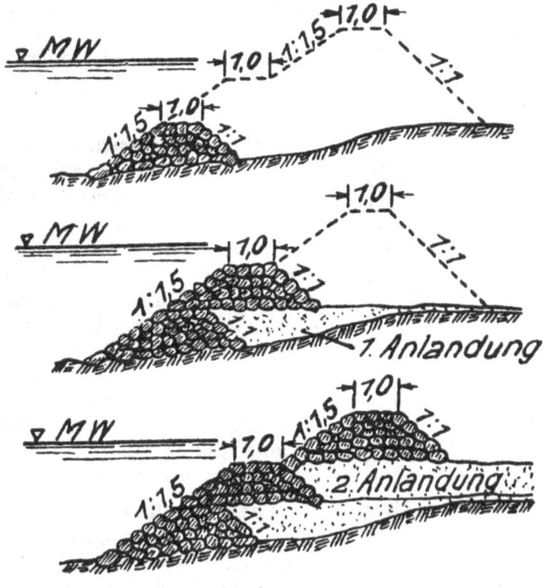

Abb. 41. Allmähliche Herstellung eines Parallelwerkes.

nicht zweckmäßig erscheint, oder wo aus bestimmten Gründen eine besonders gute Führung des fließenden Wassers notwendig ist. Die Parallelwerke laufen, wie schon der Name sagt, parallel zum Stromstrich. Sie sind mit dem Ufer in der Regel durch kurze Querbauten, die sogenannten **Traversen**, verbunden.

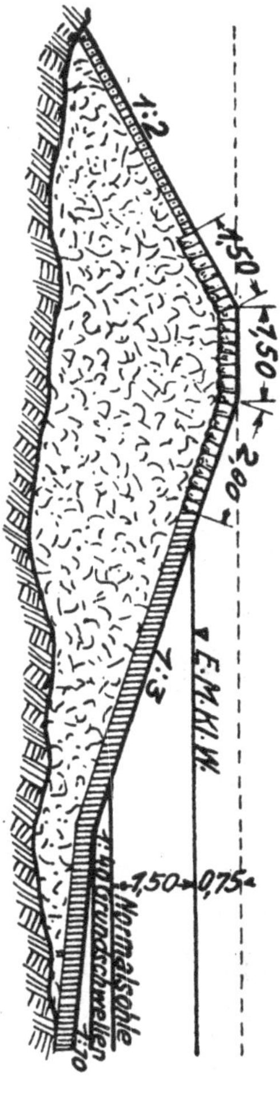

Abb. 42. Parallelwerk an der Weser.

Die Vorteile der Parallelwerke liegen in der guten Führung des Wassers. Ihre Nachteile bestehen darin, daß man keine Aenderung des Abflußquerschnittes vornehmen kann, ohne sie ganz abzubrechen, während dies bei Buhnen durch Verlängerung oder Verkürzung je nach Erfordernis leicht möglich ist.

Der Höhenlage nach könnten die Parallelwerke mit ihren Kronen hochwasserfrei gehalten werden. Dieses geschieht jedoch meistens nicht, um bei mittlerer Wasserführung ein Ueberströmen zu erhalten mit dem Bestreben, das zwischen dem alten und neuen Ufer liegende Gelände mit Sinkstoffen aufzulanden. Es wird dann erst mit der Zunahme der Auflandung eine Erhöhung des Parallelwerkes vorgenommen.

Die Parallelwerke sind im Vergleich zu den Buhnen einem starken, aber gleichmäßigen Angriff durch Wasser oder Eis ausgesetzt.

Parallelwerke hat man besonders an den süddeutschen Wasserstraßen verwendet; an den norddeutschen Flüssen spielen sie eine untergeordnetere Rolle. Sie sind also meistens an Flüssen mit starker Strömung und Geschiebeführung hergestellt worden. Ihre Bauweise ist je nach den örtlichen Verhältnissen verschieden. Ein Parallelwerk besteht im allgemeinen aus einem Kern von Kies oder Busch-

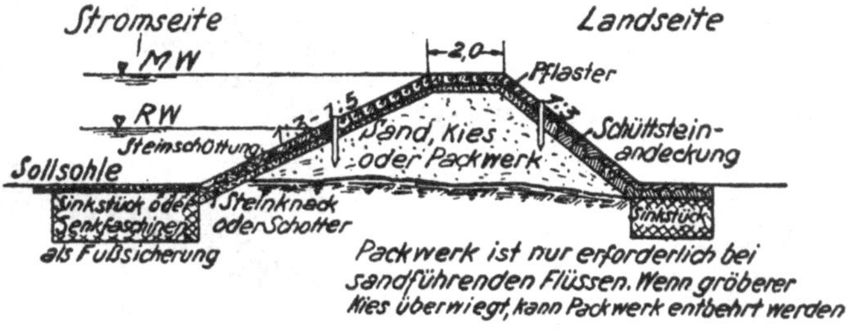

Abb. 43. Leitwerk mit Sicherung durch Sinkstücke.

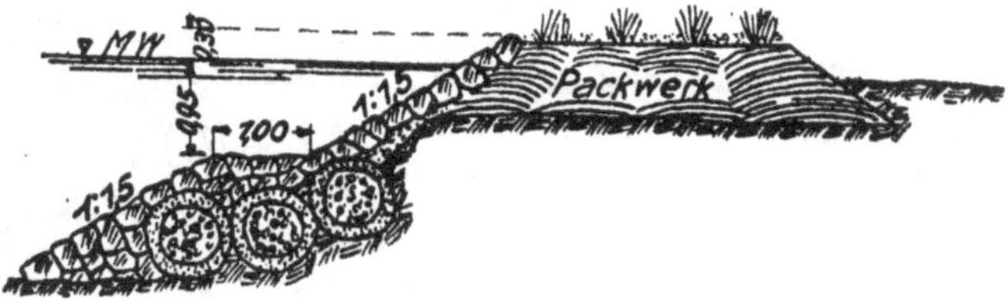

Abb. 44. Parallelwerk unter Verwendung von Senkfaschinen.

werk, der durch eine Steinschüttung gegen den Wasserangriff geschützt ist. Der stromseitige Fuß erhält dabei nötigenfalls eine zusätzliche Sicherung durch Senkfaschinen oder Sinkstücke. Die Krone der Parallelwerke wird stets abgepflastert.

Abb. 41 zeigt die allmähliche Herstellung eines Parallelwerkes aus Bruchsteinen, Abb. 42 ein Parallelwerk an der Weser und Abb. 43 bzw. Abb. 44 ein Parallelwerk unter Verwendung von Sinkstücken bzw. Senkfaschinen.

Eine besondere Art der Parallelwerke sind die mit gutem Erfolge in Süddeutschland verwandten *Wolf*'schen Gehängebauten. Sie bestehen in der Regel aus Pfahlreihen, zwischen denen senkrecht Bretter oder Faschinen derart aufgehängt werden, daß zwischen ihnen und der Sohle noch ein angemessener Spielraum verbleibt. Hinter den in Richtung der Strömung verlaufenden Gehängen lagert sich Geschiebe ab und bereitet so die Entstehung eines neuen Ufers vor (Abb. 45).

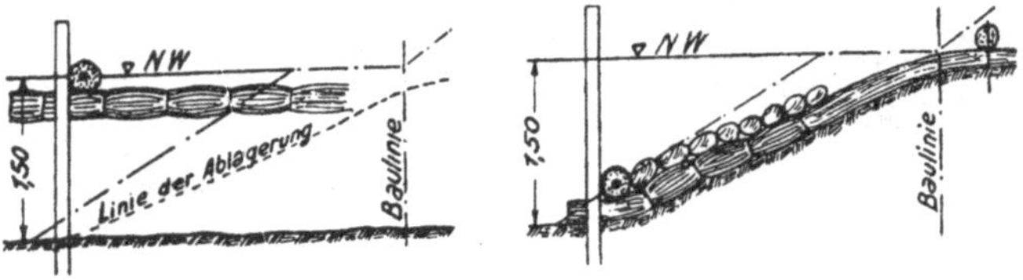

Abb. 45. Wolf'sche Gehängebauten.

§ 25. Bauwerke zur Sohlensicherung.

Die Sicherung der Sohle eines angestrebten Regelungsquerschnittes geschieht durch Grundschwellen. Es sind dies Querbauten auf der Sohle eines Flusses, die dazu bestimmt sind, weitere Austiefungen zu verhüten. Grundschwellen sollen die Flußsohle auf einer bestimmten

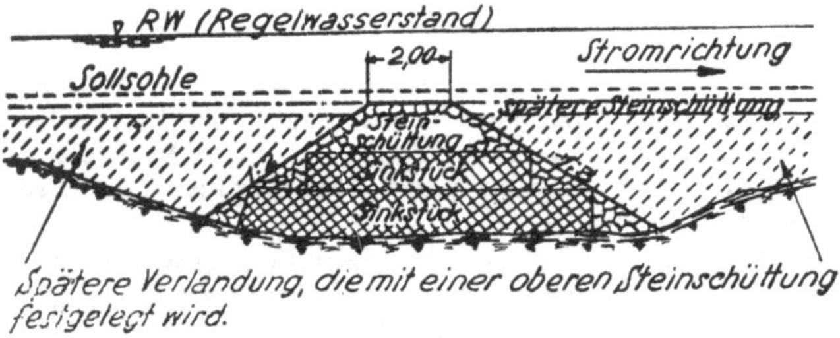

Abb. 46. Querschnitt einer Grundschwelle.

Höhenlage halten oder sogar etwas aufhöhen, sofern es aus Gründen der planmäßigen Umgestaltung des Längenschnittes notwendig ist. Der Einbau der Grundschwellen geschieht gelegentlich einzeln, meistens jedoch in bestimmten Gruppen. Im einzelnen wird mit ihnen der Zweck verfolgt, Buhnen und Parallelwerken eine Sohlensicherung zu schaffen, die Nachregulierung eines auf Mittel- oder Niedrigwasser ausgebauten Stromschlauches zu vervollkommnen und den Fluß in seinen Krümmungen zu bestimmter Umformung zu veranlassen.

Abb. 46 zeigt den Querschnitt einer Grundschwelle, bestehend aus Sinkstücken mit Steinschüttung.

Dem gleichen Zweck wie eine Grundschwelle dient die Verfüllung von Kolken mit Baggergut, das oben durch Steinschüttung gegen Ausspülen gesichert ist.

§ 26. Hindernisbeseitigung, Baggerungen.

Die ursprünglichste Aufgabe, die bei dem Ausbau eines Flusses für die Schiffahrt auftritt, ist die Beseitigung von Hindernissen. Man verwendet hierzu die verschiedensten Geräte von der einfachen Steinzange bis zum modernsten Greifbagger.

Abb. 47. Schema eines Taucherschachtes.

Die Beseitigung von Felsen, die über die normale Sohle oder sogar über den Wasserspiegel hinausragen und als Stromschnellen der Schiffahrt gefährlich werden können, geschieht durch eigens hierfür gebaute Taucherschächte. Die schematische Darstellung eines Taucherschachtes gibt Abb. 47.

Ein Taucherschacht besteht im wesentlichen aus einer Taucherglocke für die Arbeiten unter Wasser. Sie kann in einer Oeffnung des Schiffskörpers auf- und niederbewegt, also auf die Sohle des Stromes herabgelassen und vor Weiterbewegung des Fahrzeuges wieder gehoben werden. Für den Verkehr zwischen dem Inneren der unter Luftüberdruck stehenden Glocke und der Außenwelt stehen zum allmählichen Uebergang im Wechsel des Luftdruckes wie bei jeder Taucherglocke besondere Verbindungskammern, die sogenannten Luftschleusen, zur Verfügung, durch welche die Arbeiter ein- und ausgeschleust werden. Aehnliche Luftschleusen sind für das Baumaterial und für das Werkzeug vorhanden. Die Räume einer modernen Taucherglocke werden elektrisch beleuchtet und sind mit einem Fernsprecher versehen.

Die Beseitigung des Felsens selbst geschieht durch Sprengungen nach Herstellung der Bohrlöcher durch Preßluftbohrmaschinen, das Zerkleinern von Steinmaterial besorgen Preßluftmeißel.

Die neuen Taucherglocken der Rheinstrombauverwaltung für die Arbeiten am Binger Loch bestehen aus einem Fahrzeug von etwa 44m Länge und 9 m Breite, dessen Glocke bis 5 m herabgelassen werden kann.

Baggerungen dürfen in einem Fluß im allgemeinen lediglich zur Unterstützung der Strombauwerke durchgeführt werden, da eine Flußregelung an und für sich so arbeiten soll, daß der Strom selbst zur Herstellung und Erhaltung der gewünschten Bettgestalt veranlaßt wird. Baggerungen sind stets mit größter Vorsicht anzuwenden. Man erzielt zwar mit ihnen unter Umständen schnell gewisse Erfolge; diese sind jedoch nicht von Bestand. Eine Baggerung hat zudem den Nachteil, daß mit ihr auch grobe Bestandteile aus dem Fluß entfernt werden, die in anderer Lage für die Sicherung der Sohle zur Verminderung der Geschiebebewegung gute Dienste leisten können. Den geringsten Schaden kann eine Baggerung an den Uebergängen hervorrufen, weil das hier lagernde Geschiebe an der Geschiebebewegung im allgemeinen nicht mehr oder nur wenig teilnimmt.

Eine besondere Rolle spielen natürlich die Baggerungen dort, wo es sich um wesentliche Verlagerungen des Flußbettes handelt, z. B. stärkere Abflachung von Krümmungen und Ausführung von Durchstichen. In einzelnen Fällen kann es auch vorteilhaft sein, beabsichtigte größere Veränderungen des bestehenden Flußlaufes nicht allein der Wirkung der Strombauwerke zu überlassen, sondern sie erstmalig durch Baggerung herzustellen, indem dann den Strombauwerken selbst nur die Erhaltung des neu geschaffenen Zustandes obliegt.

Die Durchführung der Baggerarbeiten erfolgt meistens mittels eines Eimerkettenbaggers. Seine Festlegung und Arbeitsweise in einem Fluß geht aus Abb. 48 hervor.

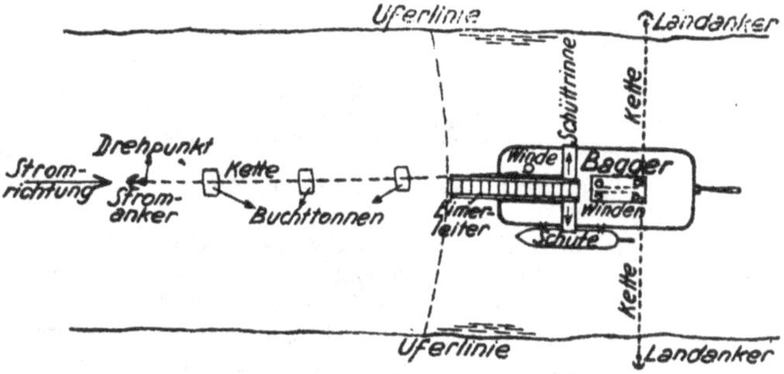

Abb. 48. Arbeitsweise eines Eimerketten-Naßbaggers.

§ 27. Durchstiche und Verbauungen.

Durchstiche sind künstlich angelegte neue Rinnen zur Begradigung eines Flusses. Man unterscheidet einfache und doppelte Durchstiche, je nachdem ein oder zwei Krümmungen abgeschnitten werden.

Die Notwendigkeit der Herstellung von Durchstichen kann folgenden Gründen entspringen:

Schutz von Ortschaften und Ländereien,

Beseitigung von Stromschleifen, welche die Schiffahrt unmöglich machen oder zum mindesten sehr stark behindern,

Senkung des Grundwasserstandes in einem sonst der Versumpfung anheimfallenden Talgrund.

Jeder Durchstich zieht eine weitreichende Aenderung des Spiegel- und Sohlengefälles nach sich, die sich in einer Erhöhung der Schleppkraft und damit einer Sohlenvertiefung oberhalb auswirkt. Diesem Vorgang steht eine Ablagerung des in Bewegung gesetzten Geschiebes mit einer Sohl- und Spiegelhebung unterhalb gegenüber. Der Ausgleich zwischen dem alten und dem neuen Spiegelgefälle dauert hierbei in der Regel mehrere Jahre. Die Anwendung von Durchstichen, deren Nachteile bereits oben genannt worden sind, bleibt mit Zunehmen der „Kunst des Flußbaues" heute auf Sonderfälle beschränkt.

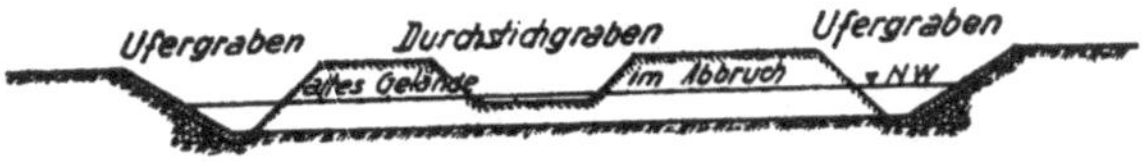

Abb. 49. Ausführung eines Durchstiches.

Die Herstellung der Durchstiche geschieht stets von unten nach oben. Sie ist so auszuführen, daß keine Versandungen und Uferabbrüche auftreten. Einen Aushub des Querschnittes in seiner ganzen Größe nimmt man in der Regel nur vor, wenn die fortzubewegende Erdmasse nicht durch die Arbeit des Stromes abgeführt werden kann. In den meisten Fällen werden die befestigten Ufer gemäß Abb. 49 in ausgehobenen Durchstich- oder Leitgräben herstellt, während man die Fortspülung der innen gelegenen Masse der Räumungskraft des Wassers überläßt.

Ein anderes Mittel der Flußregulierung ist die Verbauung von Seitenarmen, wodurch der Strom in ein einheitliches Bett gezwungen werden soll. Man erreicht dadurch größere Fahrwassertiefen; außerdem führen Stromspaltungen erfahrungsgemäß leicht zu Eisversetzungen. Die hierfür erforderlichen Durchbauungen, auch Kupierungen genannt, bestehen aus wehrartigen Dämmen, die unter Verwendung von Sinkstücken und Senkfaschinen, Kies- und Steinschüttungen hergestellt werden. Sie sind, da sie zum Zwecke der Verlandung bei höherem Wasserstand überströmt werden sollen, besonders widerstandsfähig auszuführen. Längere Seitenarme erhalten gemäß Abb. 14 mehrere Durchbauungen. Die dahinter gelegenen Wasserflächen werden durch die bei Hochwasser vom Strom mitgeführten Geschiebe allmählich aufgehöht. Es entstehen so Anlandungen, deren Förderung und Schutz durch Weidenanpflanzungen erfolgt. Sie decken den frisch angeschwemmten Boden gegen die Angriffe des Wassers, halten hinzukommende Geschiebe fest und geben zugleich den Baustoff für das im Strombau unentbehrliche Buschwerk.

VIII. Wasserwirtschaftliche Maßnahmen.

§ 28. Zuschußwasser aus Talsperren.

Weist ein Fluß eine so geringe Niedrigwasserführung auf, daß auch die Maßnahmen der Mittel- und Niedrigwasserregelung nicht ausreichen, so bietet sich zur Gewinnung einer genügenden Fahrwassertiefe die Möglichkeit der Abgabe von Zuschußwasser aus Staubecken. Diese wasserwirtschaftliche Maßnahme ist naturgemäß mit einem starken Wasserverbrauch verbunden und infolgedessen nur da anwendbar, wo bei Hochwasser ein ausreichend großer Wasservorrat angesammelt werden kann.

Die Anlage von Talsperren zur Erhöhung der Niedrigwasserführung ist in Deutschland an der Weser, der Elbe und der Oder teils ausgeführt, teils geplant.

Die im Einzugsgebiet der Weser errichteten Talsperren an der Eder und an der Diemel fassen zusammen 220 Millionen m^3.

Die Elbe erhält aus den Saale-Talsperren bei Hohenwarte und am Bleiloch, die ein Gesamtfassungsvermögen von rd. 400 Millionen m^3 aufweisen, bedeutende Zuschußwassermengen, wodurch die Mindestfahrtiefen unterhalb

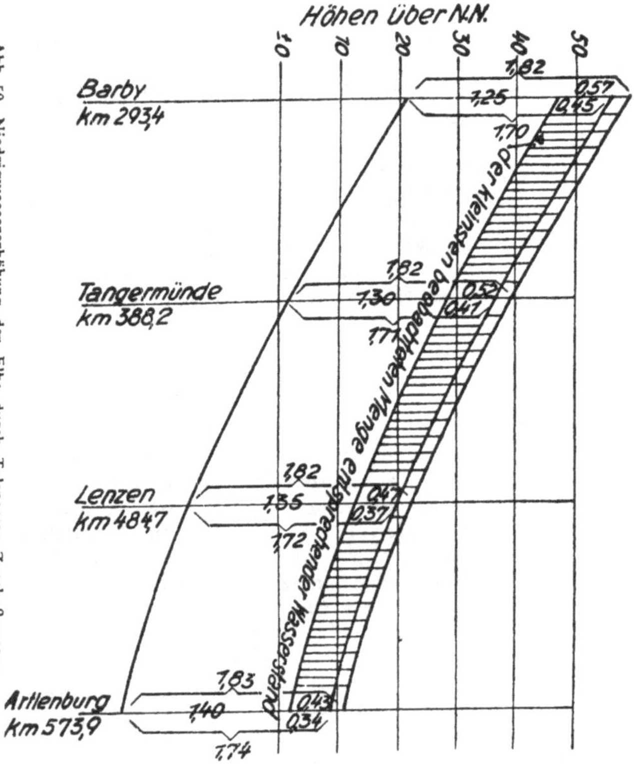

Abb. 50. Niedrigwassererhöhung der Elbe durch Talsperren-Zuschußwasser.

der Saalemündung eine wesentliche Erhöhung erfahren. Diese beträgt nach Abb. 50 kurz unterhalb der Saalemündung bei Barby 0,45 m bei einer Zuschußwassermenge von 60 m^3/sec, 0,57 m bei einer Zuschußwassermenge von 80 m^3/sec. Sie vermindert sich bei Artlenburg oberhalb des Ebbe- und Flutgebietes auf 0,34 m bzw. 0,43 m.

Das Ziel, die Oder zu einer vollwertigen Schiffahrtsstraße mit 1,80 m Mindestwassertiefe auszubauen, erfordert bei außergewöhnlich trockenen Jahren eine jährliche Zuschußwassermenge von 300 Millionen m³. Der notwendige Stauraum wird aus mehreren Staubecken gewonnen, unter denen das von Ottmachau mit einem Speicherraum von 143 Millionen m³ das bedeutendste ist.

Sehr eingehende Untersuchungen müssen bei Abgabe von Zuschußwasser aus Talsperren über den Verlauf der Wasserwelle angestellt werden. Sie erstrecken sich auf die Berechnung ihrer Höhe an den einzelnen Pegelmeßstellen flußabwärts, wobei das mittlere Gefälle des Niedrigwassers und die nach der Mündung zunehmenden Normalbreiten von Einfluß sind. Außerdem ist mit einem gewissen Wasserverlust zu rechnen. Er entsteht dadurch, daß ein Teil der Zuschußwassermenge in das Grundwasser übergeht. Die Größe des Wasserverlustes ist an der Elbe zu 10 bis 15 % veranschlagt worden.

§ 29. Eindeichungen.

Die Durchführung einer Flußregelung erfolgt vielfach in Verbindung mit der Herstellung von Deichen. Sie dienen dazu, Ueberschwemmungen der unter dem Hochwasserspiegel der Flüsse liegenden Niederungen zu verhindern, ihre Bewirtschaftung zu erleichtern und damit die Erträge zu steigern.

Zweckmäßig angelegte Deiche tragen in erheblichem Umfange zur Erhaltung eines die Schiffahrt befriedigenden Flußzustandes bei, denn sie verhindern, daß der Stromstrich bei Hochwasser eine vom Stromschlauch abweichende Richtung annimmt. Außerdem erhöhen sie die Schleppkraft des Flusses bei starker Wasserführung, was für eine regelmäßige Fortbewegung der von ihm mitgeführten Sinkstoffe von Bedeutung ist. Eindeichungen haben jedoch auch wieder den Nachteil, daß durch sie eine Hebung des Hochwasserspiegels eintritt (Abb. 51). Die Gründe hierfür liegen darin, daß durch die Deichanlage die Breite des Hochwasserquerschnittes vermindert wird, da breite Täler als Rückstaugebiet wirken. Eine Eindeichung ist infolgedessen nur zweckmäßig, wenn die durch sie bedingte Hebung des Hochwasserspiegels keine schädlichen Folgen zeitigt.

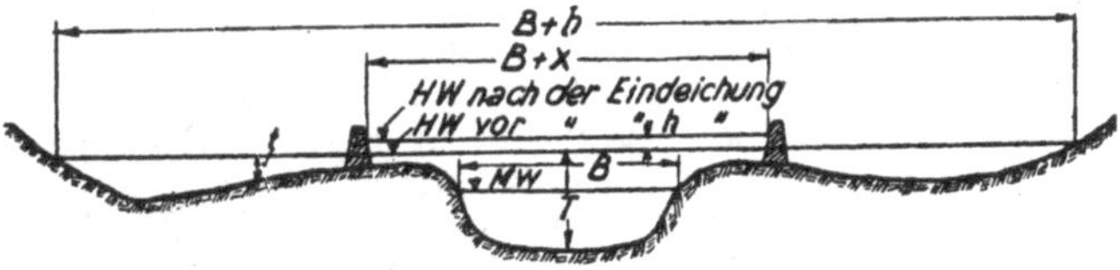

Abb. 51. Erhöhung des Hochwassers durch Eindeichung.

Die Flußdeiche können unterschieden werden in Winter- und Sommerdeiche. Die Winterdeiche sollen die zu erwartenden höchsten Hochwässer kehren, während die mit geringerer Höhe erbauten Sommerdeiche nur gegen kleinere Hochwässer zu schützen haben. Da die Begriffe Winter- und Sommerdeiche nicht immer zutreffend sind, spricht man besser von Haupt- und Nebendeichen.

Man unterscheidet ferner geschlossene und offene Deiche. Die geschlossenen Deiche schließen sich an beiden Enden an hochwasserfreies Gelände an. Die Entwässerung erfolgt hier mittels besonderer Entwässerungsschleusen, die man auch Siele nennt, durch den Deich hindurch. Ist eine natürliche Vorflut nicht vorhanden, so muß das Gebiet künstlich durch Pump- oder Schöpfwerke entwässert werden. Die offenen Deiche hingegen sind an ihrem unteren Ende offen. Das Hochwasser kann daher um das Deichende herumfließen und die Niederung entsprechend ihrer Höhe und Geländegestaltung mehr oder weniger überstauen. Es ist daher hier eine Entwässerung durch besondere Siele nicht erforderlich. Offene Deiche sind bei sehr langgestreckten Niederungen vorteilhaft, da sich dann das Spiegelgefälle auswirkt.

Das Gelände zwischen Deich und Flußufer wird Deichvorland genannt, während das durch den Deich geschützte Gelände als Binnendeichland oder auch als Polder bezeichnet wird.

Flußdeiche sind möglichst in gleichweitem Abstand vom Strom anzulegen. Die Deichweite, d.h. der Abstand der beiderseitigen Deiche, muß hierbei so groß sein, daß ein hinreichend aufnahmefähiger Hochwasserquerschnitt verbleibt (s. Abb. 25).

Der zur Herstellung des Deichkörpers zu verwendende Boden besteht am besten aus sandigem Ton oder Lehm im Verhältnis von 2 Teilen Ton und 1 Teil Sand oder auch 1 Teil Ton und 2 Teilen Sand. Steht kein bindiges Material zur Verfügung, so ist eine künstliche Dichtung in Form eines Tonkernes oder einer Tonschale vorzunehmen. Die genaue Feststellung der Eigenschaften des für den Deichbau in Frage kommenden Bodens sowie die Feststellung der erforderlichen Ueberhöhung, die infolge Setzens des Deiches notwendig ist, erfolgt zweckmäßig im Benehmen mit einer erdbauphysikalischen Versuchsanstalt.

Die Querschnittsform eines Deiches wird durch die Forderung bestimmt, daß die Deichkrone aus Verkehrsrücksichten und zur besseren Verteidigung des Deiches befahrbar sein muß. Die Außenböschung wird gewöhnlich in Neigung 1 : 2 bis 1 : 3 angelegt, während für die Binnenböschung Neigungen bis zu 1 : 1,5 statthaft sind. Bei Deichen von größerer Höhe als 4 m ist hierbei die Herstellung einer Berme am binnenseitigen Fuß zweckmäßig. Die Höhe der Deichkrone muß sehr sorgfältig ermittelt werden. Sie ist im allgemeinen etwa 1 m über HHW zu legen. Die Dämme werden sorgfältig in 0,30 bis 0,50 m hohen Lagen geschüttet, wobei gutes Stampfen oder Einspülen notwendig ist. Der äußere Schutz des Deiches erfolgt durch Ansaat oder Abdecken mit Rasensoden. Abb. 52a zeigt den Querschnitt des Oderbruch-Hauptdeiches, Abb. 52b einen Deichquerschnitt mit künstlicher Dichtung.

Die Unterhaltung der Deiche geschieht durch Deichverbände. Es sind dies Vereinigungen von Grundbesitzern oder Gemeinden, deren Grundstücke im Schutze des Deiches gelegen sind. An der Spitze eines Deichverbandes steht der Deichhauptmann. Jeder

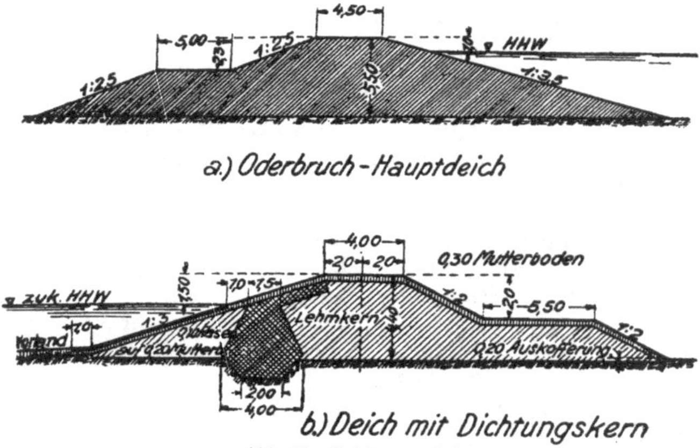

Abb. 52. Deichquerschnitt.

Deich wird im Rahmen einer Deichschau alljährlich auf seinen Zustand untersucht. Die Deichverteidigung umfaßt alle Maßnahmen organisatorischer und bautechnischer Art, welche anläßlich Eintretens von gefahrbringenden Hochwassern und Eisgängen zu treffen sind, um einen Deichbruch zu verhüten.

§ 30. Eisbildung und Eisbrecherarbeiten.

Die deutschen Ströme werden während des Winters gewöhnlich von einer von Westen nach Osten an Stärke zunehmenden Eisschicht bedeckt. Diese kann in strengen Wintern bis zu 60 cm anwachsen.

Die Eisbildung in einem Fluß geschieht zunächst in Form von Grundeis, wenn bei Frostwetter und heiterem Himmel eine starke Wärmeausstrahlung stattfindet. Die auf der Flußsohle entstandenen lockeren Eisteilchen reißen sich, da sie mit ihrem Wachsen leichter werden, vom Grunde los und treiben im Strom als Sickeis oder Schlammeis ab. Sie fördern dann besonders in Buhnenfeldern die Bildung von Randeis. Die aus dem Grundeis weiterhin entstehenden Treibeisschollen sind durch runde Form mit einem Schneekranz am Rand gekennzeichnet. Das Entstehen einer geschlossenen Eisdecke erfolgt, sobald das Eistreiben zu einem gewissen Stillstand gekommen ist. Jede Eisbildung bedeutet für den Wasserverkehr eine unliebsame Verzögerung. wenn nicht eine Gefahr. Das Bestreben der Schiffahrttreibenden geht infolgedessen dahin, durch besondere Maßnahmen die Zahl der durch Eisgang und Eisdeckenbildung verlorengehenden Tage auf ein Mindestmaß herabzudrücken.

Die Beseitigung eines Eisstandes und namentlich einer Eisverstopfung ist im allgemeinen sehr schwierig. Sie besteht in der Vornahme von Sprengungen mittels Pulver oder Dynamit, wobei neuerdings auch der Abwurf von Sprengbomben von einem Flugzeug aus in Frage kommt. Die besten Erfolge werden mit dem Einsatz von Eisbrechdampfern, von denen auf den deutschen Flüssen jeweils bestimmte Fahrzeuge bereitgehalten werden, erzielt. Das Aufbrechen eines Eisstandes hat hierbei stets von unten nach oben zu erfolgen. Es beginnt im allgemeinen dann, wenn mildes Wetter in Aussicht steht. Erwünscht ist stets, die Eisdecke in ganzer Breite des Stromes zu lösen und zum Abtrieb zu bringen. Je nach der Breite des Fahrwassers fahren daher zwei, drei oder mehr Eisbrechdampfer gleichzeitig zum Aufbrechen an. Die Eisbrechdampfer können Auflaufschiffe oder Rammschiffe sein. Die Auflaufschiffe wirken dadurch, daß sie sich auf die Eisdecke aufschieben und sie durch ihr Gewicht zerbrechen. Starke Eisverstopfungen können daher von ihnen nicht beseitigt werden. Hier helfen nur Rammschiffe, welche die Eispackung durch Gegenlaufen aufschneiden.

Um Schäden und Gefahren, die durch Niedrigwasser, Hochwaser oder Eisgang entstehen können, soviel als möglich abzuwehren, ist an allen deutschen Flüssen ein besonderer Meldedienst eingerichtet. Er bedient sich heute neben Fernsprecher und Telegraf auch des Rundfunks, um Spediteure, Schiffer und Bauern, für die oft große Werte auf dem Spiele stehen, rechtzeitig über Gefahrenzustände zu unterrichten.

Sachverzeichnis.

(Die Zahlen sind Seitenzahlen.)

SAMMLUNG GÖSCHEN

Lieferbare und neue Bände

Jeder Band DM 2.40

A. Geisteswissenschaften

Nr. 19 **Altheim, F., Römische Geschichte.** I. Teil: Bis zur Schlacht bei Pydna. 1948. 123 S.

Nr. 30 **Kleffner, W., Kartenkunde.** 3. Aufl. 1950. In Vorbereitung.

Nr. 42 **Behn, F., Urgeschichte Europas.** 7. Aufl. Mit 47 Abb. 1949. 125 S.

Nr. 59 **Krahe, H., Indogermanische Sprachwissenschaft.** 2. Aufl. 1948. 134 S.

Nr. 66 **Berneker, E., u. M. Vasmer, Russische Grammatik.** 6. unveränderte Aufl. 1947. 155 S.

Nr. 101 **Wiese, L. v., Soziologie.** Geschichte und Hauptprobleme. 4. Aufl. 1950. 148 S.

Nr. 125 **Vossler, K., Italienische Literaturgeschichte.** Unveränderter Nachdruck der 1927 erschienenen 4. durchges. und verbesserten Aufl. 1948. 148 S.

Nr. 200 **Gottschald, M., Rechtschreibungswörterbuch.** In Vorbereitung.

Nr. 238 **Krahe, H., Germanische Sprachwissenschaft.** Bd. I. 2. Aufl. 1948. 127 S.

Nr. 270 **Kirn, P., Einführung in die Geschichtswissenschaft.** 1947. 132 S.

Nr. 279 **Jacob, K., Quellenkunde der deutschen Geschichte im Mittelalter (bis zur Mitte des 15. Jahrh.).** I: Einleitung. Allgemeiner Teil. Die Zeit der Karolinger. 5. Aufl. 1949. 118 S.

Nr. 280 — —, II: Die Kaiserzeit (918—1250). 4. Aufl. 1949. 127 S.

Nr. 500 **Simmel, G., Hauptprobleme der Philosophie.** 7. unveränderte Aufl. 1950. In Vorbereitung.

Nr. 557 **Nestle, W., Geschichte der griechischen Literatur.** II. Von Alexander d. Gr. bis zum Ausgang der Antike. 2. verbesserte Aufl. 1945. 128 S.

Nr. 564 **Behn, F., Kultur der Urzeit.** Bd. I. Steinzeit. 3. Aufl. In Vorbereitung.

Nr. 565 ——, Bd. II. Bronzezeit. 4. Aufl. In Vorbereitung.

Nr. 566 ——, Bd. III. Eisenzeit. 4. Aufl. In Vorbereitung.

Nr. 573 **Helbok, A., Die Ortsnamen im Deutschen.** Mit 6 Karten. Durchgesehener Neudruck. 126 S. 1944.

Nr. 677 **Altheim, F., Römische Geschichte.** II. Teil: Bis zur Begründung des Prinzipats. 1948. 141 S.

Nr. 770 **Beckh, H., Buddhismus** (Buddha und seine Lehre). II. Die Lehre. 3. Aufl. 1928. 135 S.

Nr. 780 **Krahe, H., Germanische Sprachwissenschaft.** Bd. II. 2. Aufl. 1948. 140 S.

Nr. 781 **Weigert, H., Stilkunde.** II. Spätmittelalter. Neuzeit. Mit 84 Abb. Neudruck. 1944. 141 S.

Nr. 807 **Kropp, G., Erkenntnistheorie.** I. Allgemeine Grundlegung. 1950. 143 S. In Vorbereitung.

Nr. 929 **Schirmer, A., Deutsche Wortkunde.** 3. Aufl. 1949. 109 S.

Nr. 1000 **Jaspers, K., Die geistige Situation der Zeit** (1931). Zweiter unveränderter Abdruck der im Sommer 1932 bearbeiteten 5. Aufl. 1949. 232 S.

Nr. 1008 **Mellerowicz, K., Allgemeine Betriebswirtschaftslehre.** 1. Bd. 6. unveränderte Aufl. 1948. 134 S.

Nr. 1031 **Apel, M., Philosophisches Wörterbuch.** 3. Aufl. In Vorbereitung.

Nr. 1034 **Kranefeldt, W. M., Therapeutische Psychologie.** Analytische Psychologie (Freud, Adler, Jung). 2. Aufl. 1950. In Vorbereitung.

Nr. 1045 **Schubert, H., Die Technik des Klavierspiels.** 2. Aufl. 1946. 132 S.

Nr. 1065 **Haller, J., Von den Karolingern zu den Staufern.** Die altdeutsche Kaiserzeit (900—1250). Mit 4 Karten. 3. Aufl. 1944. 141 S.

Nr. 1085 **Lietzmann, H., Zeitrechnung der römischen Kaiserzeit, des Mittelalters und der Neuzeit für die Jahre 1—2000 n. Chr.** Neudruck. 1946. 127 S.

Nr. 1086 **Müller, G., Deutsches Dichten und Denken vom Mittelalter zur Neuzeit** (1270—1700). 2. Aufl. 1949. 159 S.

Nr. 1094 **Hernried, R., Systematische Modulation.** 2. Aufl. In Vorbereitung.

Nr. 1096 **Viëtor, K., Deutsches Dichten und Denken. Von der Aufklärung bis zum Realismus** (1700—1890). 2. Aufl. 1949. 156 S.

Nr. 1115 **Ranke, F., Altnordisches Elementarbuch.** Neudruck. 1949. 146 S.

Nr. 1116 **Meißner, P., Englische Literaturgeschichte.** II. Von der Renaissance bis zur Aufklärung. Durchgesehener Neudruck. 1944. 139 S.

Nr. 1117 **Haller, J., Der Eintritt der Germanen in die Geschichte.** Mit sechs Kartenskizzen. 2. verbess. Aufl. 1944. 119 S.

Nr. 1122 **Feist, H., Sprechen und Sprachpflege.** Mit 25 Abb. 1938. 107 S.

Nr. 1124 **Meißner, P., Englische Literaturgeschichte.** III. Romantik und Victorianismus. Durchgesehener Neudruck. 1944. 150 S.

Nr. 1125 **Lehnert, M., Altenglisches Elementarbuch.** 2., verbesserte und vermehrte Aufl. 1950. 176 S.

Nr. 1130 **Dibelius, M., Jesus.** 2. Aufl. Neudruck. 1949. 141 S.

Nr. 1135 **Lehnert, M., Beowulf.** 2. verbesserte Aufl. 1949. 135 S.

Nr. 1136 **Meißner, P., Englische Literaturgeschichte.** IV. Das 20. Jahrhundert. Durchgesehener Neudruck. 1944. 157 S.

Nr. 1148 **Pepping, E., Der Polyphone Satz. I. Der cantus-firmus Satz.** 1943. 223 S.

Nr. 1149 **Wiesner, J., Vor- und Frühzeit der Mittelmeerländer.** I. Das östliche Mitt lmeer. Mit einer Textabb. und 7 Tafeln. 1943. 177 S.

Nr. 1150 ——, **Vor- und Frühzeit der Mittelmeerländer.** II. Das westliche Mittelmeer. Mit 3 Textabb. und 7 Tafeln. 1943. 129 S.

Nr. 1153 **Mellerowicz, K., Allgemeine Betriebswirtschaftslehre.** 2. Bd. 6. unveränderte Aufl. 1948. 123 S.

Nr. 1154 ——, 3. Bd. 6. unveränderte Aufl. 1948. 153 S.

B. Naturwissenschaften und Technik

Nr. 3 **Ende, E. vom, Die Maschinenelemente.** 2., verbesserte Aufl. Mit 175 Fig. und 12 Tafeln. 1950. In Vorbereitung.

Nr. 29 **Brauns, R., u. K. F. Chudoba, Mineralogie.** 8., neubearbeitete Aufl. Mit 125 Textfiguren und 9 Abb. auf einer Tafel. 1943. 143 S.

Nr. 37 **Klemm, W., Anorganische Chemie.** 6. Aufl. Mit 18 Abb. 1944. 184 S.

Nr. 38 **Schlenk, W., Organische Chemie.** 5. Aufl. Mit 17 Fig. 1949. 239 S.

Nr. 47 **Fischer, P. B., Arithmetik.** 2. Aufl. 1948. 152 S.

Nr. 51 **Ringleb, F., Mathematische Formelsammlung.** 5., verbesserte Aufl. Mit 57 Fig. 1949. 274 S.

Nr. 71 **Schulze, W., Allgemeine und physikalische Chemie.** I. Teil. 3. durchgesehene Aufl. Mit 22 Figuren. 1949. 146 S.

Nr. 87 **Witting, A., Differentialrechnung.** 3., neubearb. Aufl. Mit 95 Fig. und 200 Beispielen. Durchgesehener Neudruck. 1949. 201 S.

Nr. 88 ——, **Integralrechnung.** 2. verbesserte Aufl. Durchgesehener Neudruck. Mit 62 Fig. und 190 Beispielen. 1949. 176 S.

Nr. 136 **Mahler, G., Physikalische Formelsammlung.** 8., verbess. Aufl. 1950. 153 S. In Vorbereitung.

Nr. 142 **Haussner, R., Darstellende Geometrie.** I. Teil: Elemente, Ebenflächige Gebilde. 6., unveränderte Aufl. Mit 110 Fig. im Text. 1947. 207 S.

Nr. 143 **Haussner, R., Darstellende Geometrie.** 2. Teil: Perspektive ebener Gebilde, Kegelschnitte. 5., unveränderte Aufl. Mit 88 Figuren im Text. 1947. 168 S.

Nr. 146 **Witting, A., Repetitorium und Aufgabensammlung zur Differentialrechnung.** 2. Aufl. Neudruck. 1949. 122 S.

Nr. 147 ——, **Repetitorium und Aufgabensammlung zur Integralrechnung.** 2. Aufl. Neudruck. 1949. 121 S.

Nr. 173 **Bruhns, W., u. P. Ramdohr, Petrographie.** 3., durchgesehene Aufl. Mit 10 Figuren. 1949. 117 S.

Nr. 180 **Böhm, F., Versicherungsmathematik.** I. Elemente der Versicherungsrechnung. 2. vermehrte und verbesserte Aufl. Durchgesehener Neudruck. 1946. 151 S.

Nr. 210 **Bruhns, W., u. P. Ramdohr, Kristallographie.** 4. Aufl. In Vorbereitung.

Nr. 221 **Jander, G., u. K. F. Jahr, Maßanalyse.** Theorie und Praxis der klassischen und der elektrochemischen Titrierverfahren. Bd. I. 5. Aufl. Mit 18 Figuren. 1948. 140 S.

Nr. 222 **Hassak-Beutel, Warenkunde.** 7. Aufl. Neubearb. von A. Kutzelnigg. Bd. I: Anorganische Waren sowie Kohle und Erdöl. Mit 19 Figuren. 1947. 116 S.

Nr. 223 — —, Bd. II: Organische Waren. Mit 32 Figuren. 1949. 143 S.

Nr. 247 **Hoppe, J., Analytische Chemie I.** Reaktionen. 5., verb. Aufl. 1950. 135 S. In Vorbereitung.

Nr. 248 — —, — —, **II.** Gang der qualitativen Analyse. 5., verbess. Aufl. 1950. 168 S. In Vorbereitung.

Nr. 252 **Daßler, A., Elektrochemie I.** Mit 21 Abb. 1950. In Vorbereitung.

Nr. 253 — —, **II.** Mit 17 Abb. 1950. In Vorbereitung.

Nr. 256 **Haussner, R., Sammlung von Aufgaben und Beispielen zur analytischen Geometrie der Ebene.** Mit 22 Fig. Neudruck. 1949. 139 S.

Nr. 257 **Humburg, K., Die Gleichstrommaschine I.** Mit 59 Abb. Durchgesehener Neudruck. 1949. 102 S.

Nr. 342 **Körting, J., u. W. Körting, Heizung und Lüftung.** I. Das Wesen u. die Berechnung der Heizungs- u. Lüftungsanlagen. 8., verbess. Aufl. Mit 29 Abb. u. 14 Zahlentafeln. 1950. In Vorbereitung.

Nr. 343 — —, **II.** Die Ausführung der Heizungs- u. Lüftungsanlagen. 7. neubearb. Aufl. Mit 141 Abb. u. 8 Zahlentafeln. 1944. 126 S.

Nr. 354 **Valentiner, S., Vektoranalysis.** 7., wesentl. veränderte Aufl. Mit 19 Fig. 1950. In Vorbereitung.

Nr. 389 **Diels, L., Pflanzengeographie.** 4. verb. Aufl. m. 1 Karte. 1945. 167 S.

Nr. 405 **Werkmeister, P., Praktisches Zahlenrechnen.** 4. Aufl. Mit 60 Fig. 1950. 136 S. In Vorbereitung.

Nr. 423 **Adler, A., Fünfstellige Logarithmen.** Mit mehreren graphischen Rechentafeln und häufig vorkommenden Zahlwerten. 2. Aufl. Neudruck. 1 Tafel. 1949. 127 S.

Nr. 445 **Asmus, E., Physikalisch-Chemische Rechenaufgaben.** 2. Aufl. 1949. 96 S.

Nr. 468 **Werkmeister, P., Vermessungskunde.** I. Stückmessung u. Nivellieren, mit 145 Figuren. 9. Aufl. Mit 145 Fig. 1949. 172 S.

Nr. 469 — —, II. Messung von Horizontalwinkeln. Festlegung von Punkten im Koordinatensystem. Absteckungen. 7. Aufl. Mit 63 Fig. 1949. 151 S.

Nr. 483 **Henglein, M., Lötrohrprobierkunde.** Mineraldiagnose mit Lötrohr und Tüpfelreaktion. 3., verb. Aufl. Mit 11 Fig. 1949. 91 S.

Nr. 585 **Dehnert, H., Verkehrswasserbau I:** Entwurfsgrundlagen. Flußregelungen. Mit 52 Textabbild. 1950. 102 S. In Vorbereitung.

Nr. 589 **Tochtermann, W., Das Maschinenzeichnen mit Einführung in das Konstruieren.** I: Das Maschinenzeichnen. 4. Aufl. Mit 77 Tafeln. 1950. 156 S. In Vorbereitung.

Nr. 590 — —, II: Ausgeführte Konstruktionsbeispiele. 4. Aufl. Mit 58 Tafeln. 1950. 130 S. In Vorbereitung.

Nr. 597 **Dehnert, H., Verkehrswasserbau II:** Flußkanalisierungen u. Schiffahrtskanäle. Mit 60 Textabbild. 1950. 92 S. In Vorbereitung.

Nr. 668 **Knopp, K., Funktionentheorie** I: Grundlagen der allgemeinen Theorie der analytischen Funktionen. Mit 8 Fig. 7. Aufl. 1949. 139 S.

Nr. 691 **Fauser, O., Kulturtechnische Bodenverbesserungen.** I.: Allgemeines, Entwässerung. 4. neubearbeitete Aufl. 1947. 122 S.

Nr. 692 — —, II.: Bewässerung, Ödlandkultur, Umlegung. 4. neubearb. Aufl. 1948. 150 S.

Nr. 698 **Schulze, W., Allgemeine und physikalische Chemie.** II. Teil. 3., durchges. Aufl. Mit 36 Fig. 1949. 160 S.

Nr. 703 **Knopp, K., Funktionentheorie II.** Anwendungen und Weiterführung der allgemeinen Theorie. Mit 7 Fig. 7. Aufl. 1949. 130 S.

Nr. 711 **Kesselring, F., Elektrische Schaltgeräte, Anlasser und Regler.** I. Theoretische Grundlagen zur Berechnung der Schaltgeräte. 3. Aufl. Mit zahlreichen Abb. 1949. 143 S. In Vorbereitung.

Nr. 768 **Bieberbach, L., Einführung in die konforme Abbildung.** 4. Aufl. Mit 42 Zeichnungen. 1949. 147 S.

Nr. 837 **Baumgartner, L., Gruppentheorie.** 2. Aufl. Mit 6 Fig. 1949. 115 S.

Nr. 862 **Werkmeister, P., Vermessungskunde.** III. Trigonometrische und barometrische Höhenmessung. Tachymetrie und Topographie. 6. Auflage. Mit 64 Fig. 1949. 147 S.

Nr. 877 **Knopp, K., Aufgabensammlung zur Funktionentheorie.** I. Aufgaben zur elementaren Funktionentheorie. 4. Aufl. 1949. 135 S.

Nr. 878 ——, **Aufgabensammlung zur Funktionentheorie.** II. Aufgaben zur höheren Funktionentheorie. 4. Aufl. 1949. 151 S.

Nr. 881 **Humburg, K., Die Gleichstrommaschine II.** Mit 38 Abb. Durchgesehener Neudruck. 1949. 98 S.

Nr. 931 **Hasse, H., Höhere Algebra I.** Lineare Gleichungen. 3. Aufl. 1950. 160 S. In Vorbereitung.

Nr. 932 ——, II. Gleichungen höheren Grades. 3. Aufl. Mit 5 Fig. 1950. 158 S. In Vorbereitung.

Nr. 952 **Schäfer, W., Transformatoren.** 2. Aufl. Mit 74 Abb. 1949. 128 S.

Nr. 972 **Herter, K., Vergleichende Physiologie der Tiere I:** Stoff- und Energiewechsel. 3. Aufl. Mit 64 Abb. 1950. In Vorbereitung.

Nr. 973 ——, II.: Bewegung und Reizerscheinungen. 3. Aufl. Mit 110 Abb. 1950. In Vorbereitung.

Nr. 984 **Graf, O., Die wichtigsten Baustoffe des Hoch- u. Tiefbaues.** 3. verb. Aufl. Mit 58 Abb. 1947. 126 S.

Nr. 999 **Kamke, E., Mengenlehre.** 2. durchges. Aufl. Mit 6 Fig. 1947. 160 S.

Nr. 1002 **Jander, G., und K. F. Jahr, Maßanalyse.** Theorie und Praxis der klassischen und der elektrochemischen Titrierverfahren. Band 2. 5. Aufl. Mit 24 Fig. 1948. 139 S.

Nr. 1057 **Roth, W. A., Thermochemie.** 2. verbess. Aufl. 1947. 109 S.

Nr. 1070 **Sauter, F., Differentialgleichungen der Physik.** 2. Aufl. Mit 16 Fig. 1950. In Vorbereitung.

Nr. 1082 **Hasse, H., Aufgabensammlung zur höheren Algebra.** 2. Aufl. 1950. In Vorbereitung.

Nr. 1084 **Nußelt, W., Technische Thermodynamik.** I.: Grundlagen. 3. verbess. Aufl. Mit 71 Abb. 1950. 144 S. In Vorbereitung.

Nr. 1092 **Wickop, W., Fenster, Türen, Tore aus Holz und Eisen.** 3., überarbeitete und ergänzte Aufl. Mit 96 Abb. 1949. 154 S.

Nr. 1109 **Knopp, K., Elemente der Funktionentheorie.** Mit 23 Fig. 3. Aufl. 1949. 144 S.

Nr. 1110 **Schulz, G., Formelsammlung zur praktischen Mathematik.** Mit 10 Abb. Durchgesehener Neudruck. 1945. 147 S.

Nr. 1127 **Hartmann, M., Geschlecht und Geschlechtsbestimmung im Tier- und Pflanzenreich.** 2. Aufl. Mit 62 Abb. 1950. In Vorbereitung.

Nr. 1128 **Buchner, P., Symbiose der Tiere mit pflanzlichen Mikroorganismen.** 2., verb. u. vermehrte Aufl. Mit 121 Abb. 1949. 130 S.

Nr. 1131 **Scholz, A., Einführung in die Zahlentheorie.** Neudruck. 1945. 136 S.

Nr. 1134 **Kuckuck, H., Pflanzenzüchtung.** 2. durchges. Aufl. Mit 12 Abb. 1944. 125 S.

Nr. 1137 **Heil, H., Entwicklungsgeschichte des Pflanzenreiches.** 2. Aufl. Mit 94 Abb. 1950. In Vorbereitung.

Nr. 1138 **Hämmerling, J., Fortpflanzung im Tier- und Pflanzenreich.** 2., z. T. ergänzte Aufl. Mit 110 Abb. 1950. 132 S. In Vorbereitung.

Nr. 1141 **Koller, G., Hormone.** 2. Aufl. Mit 60 Abb. u. 19 Tab. 1949. 187 S.

Nr. 1146 **Humburg, K., Die synchrone Maschine.** Mit 79 Bildern. 1949. 109 S.

Nr. 1151 **Nußelt, W., Technische Thermodynamik.** II.: Theorie der Wärmekraftmaschinen. Neudruck. Mit 87 Abb. u. 32 Zahlentafeln. 1950. 144 S. In Vorbereitung.

Nr. 1152 **Dehnert, H., Verkehrswasserbau III:** Schleusen und Hebewerke. Mit 70 Textabb. 1950. 98 S. In Vorbereitung.

Nr. 1155 **Schwartz, W., Grundriß der allgemeinen Mikrobiologie.** Band I. Mit 17 Abb. 1949. 104 S.

Nr. 1156 **Meinke, H.-H., Die komplexe Berechnung von Wechselstromschaltungen.** Mit 114 Abb. 1949. 160 S.

Nr. 1157 **Schwartz, W., Grundriß der allgemeinen Mikrobiologie.** Band II. Mit 12 Abb. 1949. 93 S.

Walter de Gruyter & Co., Berlin W 35

(T 9) Gustav Hagen, Trebbin, Berliner Str. 49 A 251 120000. 11. 49

Kolibri 360 GmbH
Ferdinand-Jühlke-Straße 7
99095 Erfurt, Deutschland
produktsicherheit@kolibri360.de